Herstellung und Verlag:
BoD - Books on Demand, Norderstedt
ISBN 978-3-7357-4170-7

alles, außer gewöhnlich

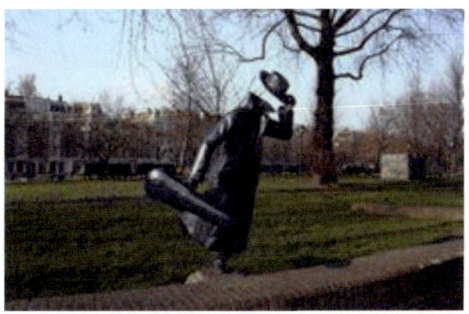

[Architecture & Design](#) hat 5 neue Fotos hinzugefügt — mit [FrAnklin Alfredo Gutierrez Curo](#)

The World's Most Extraordinary Statues And Sculptures ᴷᴬ

- [Franz Majcen](#) und [Regina Christian](#) gefällt das.

[Regina Christian](#) Absolut geil!

[Andre Heresch](#) muß ich mir einfach für eines meiner nächsten Buchumschläge reservieren! apropos: hättest DU ein paar Beiträge für mich?

Regina Christian Ich danke dir herzlichst für dein Angebot, aber das würde in einem Debakel enden. Niemand will den scheiss, den ich verzapfe, hören..aber du darfst gerne unsere Konversationen verwenden, wenn du möchtest. Wenn du allerdings hardcore- oder bdsm-pornographie veröffentlichen möchtest, das krieg ich hin hahaha.

Ansonsten führen meine Ratschläge ja nur schnurstracks in den Abgrund...

Andre Heresch ach wo! es gibt a paar G´Schichterln von Dir, die mir wirklich gut gefallen haben. und, außerdem: lesen soll die Sachen eh nur jemand, der es auch verdient, sie lesen zu dürfen....

Franz Majcen Selber schon einige dieser Skulpturen gesehen - toll.

Andre Heresch klingt interessant! WO sind denn diese Skulpturen zu bewundern?

Die Souveränitität der Bundesrepublik Deutschland

Deutschland kein souveräner Staat ? Diese These klingt gewagt, findet sich aber immer häufiger im Internet und diversen Zeitschriften. Meist in Verbindung mit einer ganzen Reihe an Verweisen auf Artikel des Grundgesetzes und gespickt mit allerhand Zitaten von Politikern und Juristen, versuchen die Vertreter

dieser Ansicht die Souveränität Deutschlands in Frage zu stellen. Der Autor dieses Artikels klärt auf, was wirklich an den Spekulationen dran ist und wer dahinter steckt.

Picard – Nach mehrjährigem Studium der Rechtswissenschaften mit universitärem Schwerpunkt auf das Verfassungsrecht dachte ich schon, jede sinnige oder unsinnige Theorie gehört zu haben, als ich mich vor knapp zwei Jahren erstmals damit konfrontiert sah, zur Frage der Souveränität Deutschlands Stellung zu nehmen. Zuerst dachte ich an eine Satire, merkte aber schnell, dass es den Vertretern dieser These ernst war und bekam nach vorsichtiger Kritik eine wahre Flut an Argumenten, Zitaten und Jahreszahlen entgegen geworfen, die deren Meinung untermauern sollte. Da mir diese Anti-Souveränitätsthese (von den Anhängern selbst als 'BRD-Schwindel' bezeichnet) leider immer öfter begegnet, möchte ich hier darauf eingehen.

Die gute Nachricht vorneweg: Die Bundesrepublik Deutschland ist abgesehen von den (revidierbaren) Kompetenzübertragungen an die EU selbstverständlich ein vollständig souveräner Staat. Kein ernstzunehmender Jurist stellt diese Ansicht heute noch in Frage – was bereits beachtlich in einem Fach ist, in dem grundsätzlich beinah alles umstritten ist.

Das Staats- und Verfassungsrecht ist auch für Juristen keine leichte Materie. Ohne genaue Kenntnisse der historischen, politischen und rechtlichen Hintergründe sind Fragen auf diesem Gebiet kaum richtig zu beantworten. Die Komplexität dieses Rechtsgebietes macht es den Vertretern der Anti-Souveränitätsthese freilich einfach, Behauptungen aufzustellen, die auf den ersten Blick plausibel erscheinen, aber vor allem für den Normalbürger nicht überprüfbar sind. In der Regel entsteht dabei eine Gemengelage aus Halbwahrheiten und aus dem Zusammenhang gerissenen Informationen. Es erstaunt allerdings die Kreativität mit der einige Thesen begründet werden. Zu den häufigsten, teils wirren Irrtümern, die oft fließend ineinander übergehen, ist folgendes klarzustellen:

1. Irrtum: Das Dritte Reich existiert noch

Zur Klärung dieses Punkt, bedarf es einiger völkerrechtlicher Hintergrundinformationen um die folgende Aussage nicht falsch zu verstehen. Denn im Verhältnis zu anderen Staaten ist die Bundesrepublik Deutschland in der Tat identisch mit dem Dritten Reich.[1] Allerdings bedeutet dies gerade nicht, dass das Dritte Reich noch weiterhin besteht. Vielmehr besteht Deutschland als Völkerrechtssubjekt bereits seit der Gründung des Norddeutschen Bundes im Jahre 1867. Das heisst, dass der Nationalstaat Deutschland als verantwortliche Zuordnungseinheit seitdem durchgehend existiert. Was sich änderte waren lediglich die Regierungsformen innerhalb dieser Zuordnungseinheit. Das Kaiserreich, die Weimarer Republik, das Dritte Reich und die Bundesrepublik sind alles nur verschiedene Ausformungen des gleichen Völkerrechtssubjektes Deutschland. Und die derzeitig bestehende Staatsform (parlamentarische Republik) verwirklicht sich in der Bundesrepublik, die diejenige des Dritten Reiches (Diktatur) abgelöst hat.

An dieser Stelle wird gerne auf Reste in verschiedenen Gesetzen verwiesen, die noch Bezug auf die Gesetzgebung des Dritten Reichs nehmen. Dabei muss man sich vor Augen führen, dass viele Gesetze in dieser Zeit entstanden sind bzw. geändert wurden und daher noch Anspielungen auf das Dritte Reich enthalten. Beispielsweise sind die großen Prozessordnungen (ZPO/StPO) bereits 1879 Inkraft getreten und beinhalten daher etliche Allusionen auf die vorhergehenden Staatsformen.

Aufgrund der gezogenen Schlussfolgerungen ist die Verbreitung dieses Irrtums teilweise der rechten Szene zuzuordnen, die die Souveränität der Bundesrepublik Deutschland ablehnt, um damit ein Fortbestehen des Dritten Reichs behaupten zu können.

2. Irrtum: Deutschland befindet sich mangels Friedensvertrag noch immer im Krieg

Genauso wenig, wie es zum Beginn eines Krieges einer offiziellen Kriegserklärung bedarf, braucht es auch zur Beendigung keinen Friedensvertrag. Das Kriegsvölkerrecht (ius in bello) ist vom Erfordernis eines förmlichen Aktes zum Kriegsbeginn oder dessen Beendigung seit langem abgerückt.[2] Es erscheint geradezu lächerlich bei bereits im Laufe befindlichen militärischen Konflikten davon auszugehen, mangels offizieller Kriegserklärung, wäre noch immer Frieden zwischen den Parteien. Daher ist die Diskussion ob die Kapitulation Deutschlands im Mai 1945 nun ein Friedensvertrag war oder nicht, zumindest für diese Frage belanglos.

Auch die in diesem Zusammenhang immer wieder angeführte sog. Feindstaatenklausel der UN-Charta (Artt. 53, 107) ist inzwischen obsolet und als Rudiment ohne Bedeutung. Die Generalversammlung der Vereinten Nationen selbst hat sie 1995 für nurnoch rein deklaratorisch erklärt.[3] Ursprünglich diente sie zum einen zur Erleichterung militärischer Maßnahmen gegenüber den Achsenmächten, vor allem aber zur deren Stigmatisierung als Aggressoren. Aber bereits 1969 bzw. 1970 wurde von den Alliierten Staaten darauf hingewiesen, dass die Feindstaatenklausel kein Recht zur gewaltsamen Intervention Deutschlands enthalte. Selbst wenn all dies nicht zuträfe, kann die Feindstaatenklausel keinen Kriegszustand begründen, da sie als UN-interne Regelung nur rein formellen Charakter hat.

3. Irrtum: Deutschland untersteht noch immer dem Besatzungsrecht der Alliierten

Der 'Vertrag über die abschließende Regelung in bezug auf Deutschland', besser bekannt als Zwei-plus-Vier Vertrag, geschlossen zwischen den Alliierten und den beiden deutschen Staaten ist in diesem Punkt eindeutig. Art 7 II gewährt Deutschland die "volle Souveränität über seine inneren und äußeren Angelegenheiten". Deutschland ist seitdem unstrittig ein vollständig souveräner Staat[4]. Der Originaltext der Norm lautet wie folgt [5]:

> *Artikel 7*
> *(1) Die Französische Republik, das Vereinigte Königreich Großbritannien und Nordirland, die Union der Sozialistischen Sowjetrepubliken und die Vereinigten Staaten von Amerika beenden hiermit ihre Rechte und Verantwortlichkeiten in bezug auf Berlin und Deutschland als Ganzes. Als Ergebnis werden die entsprechenden, damit zusammenhängenden vierseitigen Vereinbarungen, Beschlüsse und Praktiken beendet und alle entsprechenden Einrichtungen der Vier Mächte aufgelöst.*
> *(2) Das vereinte Deutschland hat demgemäß volle Souveränität über seine inneren und äußeren Angelegenheiten.*

Um diese sehr eindeutige Rechtslage doch noch zu widerlegen, wird oft auf verschiedene Artikel des Grundgesetzes verwiesen, die den angeblichen Besatzungsstatus belegen sollen. Im Grunde funktioniert das nur, weil den meisten Menschen die notwendigen Hintergrundinformationen zum Verständnis der zitierten Artikel fehlen. Beispielsweise wird Art. 125 GG angeführt, nach dem angeblich Besatzungsrecht das Bundesrecht ausser Kraft setzen kann. Wer sich die Mühe macht sich mit dieser Norm auseinanderzusetzen wird schnell merken, dass es hier, wie in den beiden Artikeln davor, lediglich um Fälle der Fortgeltung alten Rechts als neues Bundesrecht (was im Übrigen jederzeit geändert werden kann) geht. Hinweise, die auf eine

Möglichkeit der ehemaligen Besatzungsmächte juristisch Einfluss auf die deutschen Gesetze zu nehmen, hindeuten, gibt es nicht.

4. Irrtum: Das Grundgesetz ist keine Verfassung

Funktional regelt eine Verfassung, die innere Verfasstheit des Staates (Staatsorganisation), die territoriale Gliederung, die Beziehungen zu anderen Staaten und konstituiert meist die fundamentalen Menschen- und Bürgerrechte (Grundrechte). Genau dies macht das Grundgesetz. Nicht zuletzt deswegen gibt es auch ein Verfassungsgericht, dass Eingriffe in die Grundrechte für verfassungskonform bzw. verfassungswidrig erklärt. Der Irrtum stammt noch aus der Zeit, in der das Grundgesetz als Übergangslösung gedacht war – allerdings hatte das Grundgesetz bereits damals Verfassungsqualität – war also eine vollständige Verfassung.[6] Nach der Wiedervereinigung wurde lediglich auf den formellen Akt der Namensänderung von Grundgesetz zu Verfassung verzichtet.

In diesem Zusammenhang wird häufig auf einen Artikel des Grundgesetzes verwiesen, der hier auch kurz erläutert werden soll. Als angeblicher Beweis für die Unwirksamkeit des Grundgesetzes wird meist Art. 146 GG angeführt. Dabei wird der Inhalt dieses Artikels weitgehend falsch interpretiert. Diese Norm wurde zuletzt 1990 im Rahmen des Einigungsvertragsgesetzes geändert und stellt zunächst die Wirksamkeit des Grundgesetzes für das nun gesamtdeutsche Staatsvolk fest. Darüber hinaus ermöglicht Art. 146 GG das Erlassen einer neuen Verfassung im Wege einer Volksabstimmung. Damit ist jedoch nichts darüber gesagt, dass die aktuell gültige Verfassung unwirksam wäre, noch ist die Verfassungsneugestaltung verpflichtend. Vielmehr stellt Art. 146 GG, neben Art. 79 II GG, nur eine Möglichkeit zur Verfassungsänderung dar, die aber mangels eines festgelegten Verfahrens momentan nicht zu verwirklichen ist.[7] Wichtig ist auch zu verstehen, dass auch eine Verfassungsneugestaltung nach Art. 146 GG den Grenzen der sog. Ewigkeitsgarantie, Art. 79 III GG, unterliegt und daher die Grundprinzipien des Grundgesetzes (zB. Menschenwürde, Demokratie, Rechtsstaat, Sozialstaat, etc.) nicht beseitigen könnte.

5. Irrtum: Politiker XY behauptet aber das Gegenteil

In der Regel erhält man an dieser Stelle eine ganze Reihe an Zitaten, die Irrtum 1 (s.o.) bekräftigen sollen. Dabei handelt es sich meist um aus dem Zusammenhang gerissene oder falsch zitierte Aussagen. Zuletzt hat sich Finanzminister Wolfgang Schäuble auf dem Frankfurter European Banking Congress mit folgenden Äußerungen zur Souveränität zur meist zitierten Person gemacht:"Wir in Deutschland sind seit dem 8. Mai 1945 zu keinem Zeitpunkt mehr voll souverän gewesen.". Dass er damit zum einen nicht auf ein Besatzungsstatut, sondern auf die freiwillige Übertragung von Kompetenzen an die EU anspielte und zum anderen einen völlig anderen Souveränitätsbegriff umschreibt, wird dabei gerne vergessen.

Auch beliebt sind Äußerungen von Juristen oder Politikern aus der Zeit vor der Wiedervereinigung und den Zwei-plus-Vier Verträgen zu der es noch gewisse Souveränitätseinschränkungen gab. Das solche Zitate lange überholt sind, liegt auf der Hand.

---

1. Jarass – GG-Kommentar – Präambel, Rn. 6
2. Herdegen – Völkerrecht, §56 Rn.3
3. http://www.un.org/Depts/german/gv-50/c6/50c6-res.htm#5052
4. Einführung in das Staatsrecht – Battis/Gusy – §1, Rn. 15
5. http://www.hdg.de/lemo/html/dokumente/DieDeutscheEinheit_vertragZweiplusVierVertrag/index.html
6. Maurer – Staatsrecht I, § 3, Rn. 22
7. Jarass – GG-Kommentar – Art. 146, Rn. 2f.

GOTT ERHALTE FRANZ DEN KAISER – eigentlich die österreichische National/Bundeshymne

Der offizielle Text stammt von Lorenz Haschka für Kaiser Franz II - bis 1806 Kaiser des heiligen römischen Reiches deutscher Nation - seit 1804 Kaiser von Österreich als Franz I.
Kaiser Franz II musste die deutsche Kaiserkrone zurücklegen, da das alte Heilige Römische Reich Deutscher Nation von Napoleon zerschlagen wurde.
Der Text war von 1797 bis 1835 – Tod von Kaiser Franz - in Österreich in Verwendung

1841: August Heinrich Hoffmann von Fallersleben gibt der Haydn Melodie ihre neue Textunterlegung mit dem in diesem Jahr erstmals veröffentlichten „Lied der Deutschen"

Es gab einige Textneugestaltungen zu den jeweiligen Regierungs/Lebzeiten der österreichischen Kaiser. Der zuletzt geänderte Text, der zu Kaiser Franz Josephs Regierungszeit und bis zum Ende der (Donau)Monarchie als offizieller Text der österreichischen Hymne galt, lautete (März 1854 bis November 1918):

Gott erhalte, Gott beschütze
unsern Kaiser, unser Land!
Mächtig durch des Glaubens Stütze
Führ´ Er uns mit weiser Hand!
Laßt uns Seiner Väter Krone
Schirmen wider jeden Feind:

**Innig bleibt mit Habsburgs Throne
Österreichs Geschick vereint**

Die Melodie lebte fort.
Am 11. 8. 1922 wurde sie mit dem aus 1841 stammenden Text Fallerlebens die offizielle Nationalhymne der Republik Deutschland.
Am 13.12.1929 wurde die Melodie Haydns mit dem Text von Ottokar Kernstock auch zur Bundeshymne der Republik Österreich.

**Sei gesegnet ohne Ende, deutsche Heimat wunderhold!
Freundlich schmücken dein Gelände Tannengrün und Ehrengold
Deutsche Arbeit, ernst und ehrlich!
Deutsche Liebe, zart und weich, Vaterland wie bist du herrlich!
Gott mit Dir, mein Österreich!
...**

**Osterland bist Du geheißen
Und von Osten kommt das Licht
Nacht und Finsternis zerreißen
Wenn es durch die Wolken bricht.
Seht verklärten Angesichts
Den ersehnten Tag vor euch!
Land der Freiheit, Land des Lichtes
Gott mit Dir, mein Österreich!
..**

**Laßt durch keinen Zwist geschieden
Uns nach einem Ziele schau´n**

**Laßt in Eintracht und in Frieden
Uns am Heil der Zukunft bau´n
Uns´res Volkes Jugend werde
Ihren starken Ahnen gleich.
Sei gesegnet, Heimaterde!
Gott mit dir, mein Österreich!**

Das Lied der Deutschen

1.
Deutschland, Deutschland über alles,
Über alles in der Welt,
Wenn es stets zu Schutz und Trutze
Brüderlich zusammenhält,
Von der Maas bis an die Memel,
Von der Etsch bis an den Belt –
Deutschland, Deutschland über alles,
Über alles in der Welt.

2.
Deutsche Frauen, deutsche Treue,
Deutscher Wein und deutscher Sang
Sollen in der Welt behalten
Ihren alten schönen Klang,
Uns zu edler Tat begeistern
Unser ganzes Leben lang.
Deutsche Frauen, deutsche Treue,
Deutscher Wein und deutscher Sang.

3.
Einigkeit und Recht und Freiheit
Für das deutsche Vaterland!
Danach laßt uns alle streben
Brüderlich mit Herz und Hand!
Einigkeit und Recht und Freiheit
Sind des Glückes Unterpfand.

Blüh' im Glanze dieses Glückes,
Blühe deutsches Vaterland!

Wo liegen eigentlich Maas, Memel, Etsch und Belt?

Die Maas fließt westlich der deutschen Grenze durch Lothringen, Belgien und Holland. Metz, Maastricht und Venlo liegen an ihr. Da Lothringen damals noch weithin deutschsprachig war, erschien sie als Westgrenze der deutschen Länder.
Die Memel fließt NICHT durch Königsberg (das ist die Pregel), sondern durch Litauen und Memel. Damals war Memel eine mehrheitlich deutsche Stadt.
De Etsch (Adige) entspringt am Reschenpass in Südtirol, fließt südwärts durch Bozen, Trient, Verona zur Adria und ist heute der zweitgrößte Fluss Italiens. Bozen war bis 1919 rein deutschsprachig, Trient galt noch zur Zeit der Trienter Konzils (Mitte des 16. Jhd.) als Sprachgrenze zwischen deutsch und italienisch. Verona ist in der Dietrich-Sage die Stadt Bern(e).
Der Belt ist eine Meerenge in der Ostsee, soll aber die ganze Ostsee ("Baltic Sea") bezeichnen.
Das Gebiet, in dem deutsche Stämme siedelten und deutsch gesprochen wurde, war vor Zeiten größer als heute. Die heutigen Grenzen Deutschland sind das Resultat einer leidvollen, weithin selbstverschuldeten Geschichte, die nicht rück-

gängig zu machen ist.
Ein vereintes Europa heilt auch diese Wunden.

Putin reagiert

Warum der Westen an der Ukraine-Krise schuld ist.

© Picture Alliance

Pro-Russische Rebellen im August in Krasnodon, Ost-Ukraine.

Im Westen gilt es als gesicherte Erkenntnis, dass an der Ukraine-Krise maßgeblich die aggressive Haltung der Russen schuld ist. Der russische Präsident Wladimir Putin, so die gängige Argumentation, hat die Krim annektiert, weil er schon lange eine Wiederbelebung des Sowjetreichs im Sinn hatte, und wird womöglich auch den Rest der Ukraine und andere Länder Osteuropas ins Visier nehmen. Die Absetzung des ukrainischen Präsidenten Viktor Janukowitsch im Februar 2014 habe Putin lediglich den Vorwand dafür geliefert, russische Streitkräfte auf die Krim zu entsenden.

Doch diese Darstellung ist falsch: Die Hauptschuld an der Krise tragen die USA und ihre europäischen Verbündeten. An der Wurzel des Konflikts liegt die NATO-Osterweiterung, Kernpunkt einer umfassenden Strategie, die Ukraine aus der russischen Einflusssphäre zu holen und in den Westen einzubinden. Dazu kamen die EU-Osterweiterung und die Unterstützung der Demokratiebewegung in der Ukraine durch den Westen, beginnend mit der Orangenen Revolution 2004. Seit Mitte der 1990er Jahre lehnen russische Staatschefs eine NATO-Osterweiterung entschieden ab, und in den vergangenen Jahren haben sie unmissverständlich klargemacht, dass sie einer Umwandlung ihres strategisch wichtigen Nachbarn in eine Bastion des Westens nicht untätig zusehen würden. Das Fass zum Überlaufen brachte der unrechtmäßige Sturz des demokratisch gewählten pro-russischen Präsidenten der Ukraine; Putin sprach zu Recht von einem »Staatsstreich«. Als Reaktion darauf annektierte er die Halbinsel Krim, auf der, wie er befürchtete, die Einrichtung einer NATO-Marinebasis geplant war, und betrieb die Destabilisierung der Ukraine, um sie von einer Annäherung an den Westen abzubringen.

Putins Gegenwehr kam eigentlich alles andere als überraschend. Immerhin war der Westen, wie Putin nicht müde wurde zu betonen, in den Hinterhof Russlands vorgedrungen und hatte dessen strategische Kerninteressen bedroht. Die politischen Eliten der USA und Europas trafen die Ereignisse nur deshalb unvorbereitet, weil sie der Logik des Realismus im 21. Jahrhundert kaum noch Bedeutung zumessen und davon ausgehen, dass sich die Einheit und Freiheit Europas mittels liberaler Prinzipien wie Rechtsstaatlichkeit, ökonomischer Interdependenz und Demokratie gewährleisten lassen.

Doch dieses Konzept ging in der Ukraine nicht auf. Die dortige Krise belegt, dass die Realpolitik durchaus noch relevant ist – und Staaten, die dies übersehen, es auf eigene Gefahr tun. Der Versuch US-amerikanischer und europäischer Politiker, die Ukraine in einen Stützpunkt des Westens direkt an der russischen Grenze zu verwandeln, ist gründlich misslungen. Nun, da die Konsequenzen unübersehbar sind, wäre es ein noch größerer Fehler, diese verhunzte Politik fortzusetzen.

Der Affront durch den Westen

Nach dem Ende des Kalten Krieges waren der sowjetischen Staatsführung ein Verbleiben der US-Streitkräfte in Europa und ein Fortbestand der NATO nur recht, weil sie in ihren Augen den Frieden mit einem wiedervereinigten Deutschland sicherten. Doch ein Wachsen der NATO wollten weder die Sowjets noch ihre russischen Nachfolger, und man ging davon aus, dass westliche Diplomaten das nachvollziehen konnten. Die Regierung Clinton sah das offenkundig anders und forcierte ab Mitte der 1990er Jahre die NATO-Osterweiterung.

In der ersten Erweiterungsrunde wurden 1999 die Tschechische Republik, Ungarn und Polen integriert. In der zweiten folgten 2004 Bulgarien, Estland, Lettland, Litauen, Rumänien, die Slowakei und Slowenien. Die Russen protestierten von Anfang an aufs Schärfste, waren damals jedoch zu schwach, um die NATO-Osterweiterung zu verhindern – die ohnehin nicht sonderlich bedrohlich wirkte, da abgesehen von den winzigen baltischen Staaten keins der neuen Mitgliedsländer an Russland grenzte.

Dann wanderte der Blick der NATO weiter nach Osten. Auf dem Gipfel 2008 in Bukarest beriet sie über eine Aufnahme Georgiens und der Ukraine. Die Regierung George W. Bush unterstützte das Vorhaben, Frankreich und Deutschland aber waren dagegen, weil sie fürchteten, Russland gegen sich aufzubringen. Am Ende einigten sich die NATO-Mitgliedsstaaten auf einen Kompromiss: Das Bündnis leitete keine formale Aufnahmeprozedur ein, sondern gab lediglich eine Erklärung ab, in der es die Bestrebungen Georgiens und der Ukraine begrüßte und rundheraus erklärte: „Diese Länder werden der NATO beitreten."

Einer russischen Zeitung zufolge ließ Putin in einem Gespräch mit Bush durchblicken, „dass die Ukraine, sollte sie in die NATO aufgenommen werden, aufhören werde zu bestehen".

Für Moskau war dieses Ergebnis alles andere als ein Kompromiss. Putin ließ wissen, die Aufnahme dieser beiden Länder in die NATO stelle für Russland eine „unmittelbare Bedrohung" dar. Einer russischen Zeitung zufolge ließ Putin in einem Gespräch mit Bush durchblicken, „dass die Ukraine, sollte sie in die NATO aufgenommen werden, aufhören werde zu bestehen".

Die russische Invasion Georgiens im August 2008 hätte jeden Zweifel an Putins Entschlossenheit, Georgien und die Ukraine am NATO-Beitritt zu hindern, ausräumen müssen. Doch ungeachtet dieser unmissverständlichen Warnung ließ die NATO nie offiziell von ihrem Ziel ab, Georgien und die Ukraine in das Bündnis aufzunehmen. Und im Jahr 2009 schritt die NATO-Osterweiterung mit der Aufnahme Albaniens und Kroatiens fort.

Auch die EU marschiert gen Osten. Im Mai 2008 beschloss sie ihre Initiative „Östliche Partnerschaft", die in Ländern wie der Ukraine den Wohlstand fördern und sie in den EU-Wirtschaftsraum integrieren sollte. Wenig überraschend sieht die russische Staatsführung in dem Plan eine Bedrohung ihrer nationalen Interessen. Im vergangenen Februar, ehe Janukowitsch aus dem Amt gedrängt wurde, warf der russische Außenminister Sergej Lawrow der EU vor, sie versuche, eine „Einflusssphäre" in Osteuropa zu schaffen.

Ein weiteres Instrument des Westens zur Ablösung Kiews von Moskau ist schließlich das Lancieren westlicher Werte und die Förderung der Demokratie in der Ukraine und anderen postsowjetischen Staaten, häufig über die Finanzierung pro-westlicher Personen und Organisationen. Angesichts der Anstrengungen des Westens, gesellschaftliche Strukturen in der Ukraine zu beeinflussen, befürchtet die russische Staatsführung, ihr Land könnte als Nächstes dran sein. Und solche Befürchtungen sind durchaus nicht unbegründet. So schrieb der Präsident der US-Stiftung National Endowment for Democracy Carl Gershman im September 2013 in der Washington Post: „Die Annäherung der Ukraine an Europa wird den Niedergang der von Putin repräsentierten Ideologie des russischen Imperialismus beschleunigen." Und er fügte hinzu: „Auch die Russen stehen vor einer Entscheidung, und Putin findet sich womöglich auf der Verliererstraße wieder, nicht nur im nahen Ausland, sondern auch in Russland selbst."

Die Herbeiführung einer Krise

Der Dreierpack politischer Maßnahmen des Westens – NATO-Osterweiterung, EU-Osterweiterung und Förderung der Demokratie – war die Nahrung für ein Feuer, das nur noch entzündet werden musste. Der Funke kam im November 2013, als Janukowitsch einem wichtigen Wirtschaftsabkommen, das er mit der EU verhandelt hatte, eine Absage erteilte und stattdessen ein Gegenangebot der Russen über 15 Milliarden Dollar annahm. Dieser Entscheidung folgten regierungsfeindliche Demonstrationen, in deren Verlauf bis Mitte Februar etwa hundert Demonstranten zu Tode kamen. Westliche Emissäre eilten nach Kiew, um die Krise zu lösen. Am 21. Februar unterzeichneten Regierung und Opposition eine Vereinbarung, nach der Janukowitsch bis zur Abhaltung von Neuwahlen im Amt bleiben sollte. Doch dieses Abkommen hatte keinen Bestand, und Janukowitsch floh schon tags darauf nach Russland. Die neue Regierung in Kiew war pro-westlich und anti-russisch bis ins Mark; vier ranghohe Mitglieder können durchaus legitim als Neofaschisten bezeichnet werden.

Die neue Regierung in Kiew war pro-westlich und antirussisch bis ins Mark; vier ranghohe Mitglieder können durchaus legitim als Neofaschisten bezeichnet werden.

Die Rolle der USA ist zwar noch nicht in ihrer ganzen Tragweite bekannt, doch Washington hat den Staatsstreich offenkundig unterstützt. Victoria Nuland aus dem US-Außenministerium und der republikanische Senator John McCain nahmen an den regierungsfeindlichen Demonstrationen teil, und der US-Botschafter in der Ukraine Geoffrey Pyatt erklärte nach Janukowitschs Sturz, der Tag werde „in die Geschichtsbücher eingehen". Wie einem öffentlich gemachten Telefonmitschnitt zu entnehmen ist, hatte Nuland einen Regimewechsel befürwortet und sich für den ukrainischen Politiker Arsenij Jazenjuk als Premierminister der neuen Regierung ausgesprochen, der es dann auch wurde. Kein Wunder, dass Russen aller politischen Couleurs glauben, der Westen habe bei Janukowitschs Amtsenthebung seine Finger im Spiel gehabt.

Für Putin war die Zeit gekommen, der Ukraine und dem Westen entgegenzutreten. Kurz nach dem 22. Februar befahl er den russischen Streitkräften, der Ukraine die Krim abzunehmen, die er bald darauf Russland einverleibte.

Als Nächstes setzte Putin die neue Regierung in Kiew massiv unter Druck, sich nicht im Schulterschluss mit dem Westen gegen Moskau zu stellen, und machte deutlich, dass er eher die Staatsstruktur der Ukraine zerstören würde, als tatenlos dabei zuzusehen, wie sie zu einem Bollwerk des Westens vor Russlands Haustür wurde. Zu diesem Zweck stellt er seither den russischen Separatisten in der Ostukraine Berater, Waffen und diplomatische Unterstützung zur Verfügung, damit sie das Land in einen Bürgerkrieg treiben. Er zog an der ukrainischen Grenze eine große Arme zusammen und drohte mit einer Invasion, sollte die Regierung in Kiew gegen die Rebellen vorgehen. Zusätzlich hob er den Preis für die russischen Erdgaslieferungen an die Ukraine stark an und forderte die Zahlung bereits erfolgter Exporte. Putin kämpft mit harten Bandagen.

Diagnose russischer Politik

Putins Verhalten ist nicht schwer zu verstehen. Die Ukraine ist für Russland ein Pufferstaat mit enormer strategischer Bedeutung. Kein russischer Staatschef würde es hinnehmen, dass eine Militärallianz, die noch bis vor kurzem Moskaus Erzfeind war, in die Ukraine vorstößt. Auch würde kein russischer Staatschef untätig dabei zusehen, wie sich der Westen für die Einsetzung einer Regierung stark macht, die die Einbindung der Ukraine in den Westen betreibt.

Washington mag von der Position Moskaus nicht angetan sein, müsste aber die Logik dahinter begreifen. Das ist Geopolitik für Anfänger: Auf eine mögliche Bedrohung vor ihrer Haustür reagiert jede Großmacht empfindlich. Die Vereinigten Staaten würden es ja auch nicht hinnehmen, wenn ferne Großmächte ihre Streitkräfte in der westlichen Hemisphäre stationierten, geschweige denn an ihrer Grenze. Man stelle sich die Empörung in Washington vor, wenn China ein mächtiges Militärbündnis schmiedete und versuchte, Kanada und Mexiko dafür zu gewinnen.

Vertreter der USA und ihrer europäischen Verbündeten behaupten, sie hätten alles versucht, den Russen ihre Ängste zu nehmen; Moskau müsse doch begreifen, dass die NATO es nicht auf Russland abgesehen habe. Die Allianz hat in ihren neuen Mitgliedsstaaten nie dauerhaft Streitkräfte stationiert. Im Jahr 2002 gründete sie sogar den sogenannten NATO-Russland-Rat, um die Kooperation zu verbessern. In dem Bemühen, Russland weiter zu besänftigen, verkündeten die USA 2009, dass sie zumindest vorerst das neue Raketenabwehrsystem nicht auf tschechischem oder polnischem Gebiet, sondern auf Kriegsschiffen in europäischen Gewässern installieren würden. Doch keine dieser Maßnahmen fruchtete: Die Russen lehnten die NATO-Osterweiterung, insbesondere nach Georgien und in die Ukraine, weiter kategorisch ab. Aber schließlich entscheiden die Russen, nicht die westlichen Staaten, was Russland als Bedrohung wertet.

Um zu verstehen, warum der Westen und insbesondere die USA nicht merkten, dass ihre Ukraine-Politik den Boden für eine größere Kollision mit Russland bereitete, muss man in die Mitte der 1990er Jahre zurückgehen, als sich die Regierung Clinton erstmals für eine NATO-Osterweiterung aussprach. Experten trugen alle möglichen Argumente für und wider eine Erweiterung vor, doch gelangte man zu keinem Konsens. So sprachen sich in den USA beispielsweise die meisten europäischen Emigranten und ihre Familien nachdrücklich für eine Osterweiterung aus, damit die NATO Länder wie Ungarn und Polen beschützen konnte. Auch einige Vertreter des Realismus befürworteten sie, weil sie eine Eindämmungspolitik gegenüber Russland noch für nötig hielten.

Die meisten Realismus-Vertreter lehnten jedoch eine Osterweiterung ab, weil eine im Niedergang begriffene Großmacht mit einer alternden Bevölkerung und einer eindimensionalen Wirtschaft ihrer Ansicht nach nicht mehr eingedämmt werden muss. Eine Osterweiterung, so fürchteten sie, könnte Moskau nur dazu verleiten, in Osteuropa Unruhe zu stiften.

Vertreter des Liberalismus, darunter viele hochrangige Mitglieder der Regierung Clinton, waren dagegen überwiegend für eine Erweiterung. Das Ende des Kalten Krieges hatte in ihren Augen die internationale Politik grundlegend verändert, und eine neue postnationale Ordnung hatte die in Europa bis dahin vorherrschende Logik des Realismus abgelöst. Die USA waren nicht nur eine „unentbehrliche Nation", wie Außenministerin Madeleine Albright es formulierte; sie waren, so hieß es, auch ein gütiger Hegemon, den man in Moskau eher nicht als Bedrohung wahrnahm. Das Ziel war im Wesentlichen eine Angleichung des gesamten Kontinents an Westeuropa.

Im Grunde agieren die beiden Seiten nach unterschiedlichen Skripten: Putin und seine Landsleute orientieren sich in ihrem Denken und Handeln an den Geboten des politischen Realismus, während ihre westlichen Gegenspieler den Ideen des Liberalismus zur internationalen Politik anhängen.

Daher förderten die USA und ihre Verbündeten nach Kräften die Demokratie in den osteuropäischen Ländern, eine stärkere wirtschaftliche Verflechtung und eine Verankerung dieser Länder in internationalen Institutionen. Nachdem der Liberalismus in der US-Debatte den Sieg davongetragen hatte, konnten die Amerikaner ihre europäischen Verbündeten ohne größere Schwierigkeiten von einer Unterstützung der NATO-Osterweiterung überzeugen. Angesichts der Errungenschaften der EU hingen die Europäer ja noch stärker als die Amerikaner der Vorstellung an, Geopolitik spiele keine Rolle mehr und eine allumfassende liberale Ordnung könne den Frieden in Europa sichern.

Die liberale Weltsicht ist in der US-Politik heute ein anerkanntes Dogma. So sprach Präsident Barack Obama im März in einer Rede über die Ukraine wiederholt von den „Idealen", die hinter der Politik des Westens stünden und die „schon oft von einem älteren, eher traditionellen Machtverständnis bedroht wurden".

Im Grunde agieren die beiden Seiten nach unterschiedlichen Skripten: Putin und seine Landsleute orientieren sich in ihrem Denken und Handeln an den Geboten des politischen Realismus, während ihre westlichen Gegenspieler den Ideen des Liberalismus zur internationalen Politik anhängen. Die Folge ist, dass die USA und ihre Verbündeten unwissentlich eine schwerwiegende Krise um die Ukraine provoziert haben.

Schuldzuweisungen an Putin

Die meisten westlichen Politiker weisen Putin die Schuld für die missliche Lage in der Ukraine zu. Der New York Times zufolge sprach Bundeskanzlerin Angela Merkel Putin im März die Vernunft ab, als sie Obama gegenüber erklärte, Putin lebe „in einer anderen Welt". Putin hat zwar ohne Zweifel autokratische Tendenzen, doch nichts deutet auf eine Geistesstörung hin: Er ist ein erstklassiger Stratege, den jeder, der ihn außenpolitisch herausfordert, fürchten und ernst nehmen sollte.

Plausibler klingt die Erklärung anderer Beobachter, nach der Putin der alten Sowjetunion nachtrauert und ihren Untergang durch eine Ausdehnung der russischen Grenzen rückgängig machen will. Dieser Interpretation zufolge lotet Putin nach der Annexion der Krim derzeit aus, ob die Zeit für eine Okkupierung der Ukraine oder zumindest der Ostukraine reif ist, und wird er schließlich auch andere Nachbarländer Russlands ins Visier nehmen. In diesem Lager sieht manch einer Putin als modernen Adolf Hitler, und wer Abkommen mit ihm schließt, wiederholt den Fehler von München. Die NATO muss nach dieser Logik Georgien und die Ukraine aufnehmen und Russland eindämmen, ehe es seine Nachbarn beherrscht und Westeuropa bedroht.

Doch auch dieses Argument hält genauerer Betrachtung nicht stand. Wenn Putin auf die Schaffung eines Großrussland aus wäre, hätte es mit Sicherheit vor dem 22. Februar bereits Anzeichen dafür gegeben. Doch so gut wie nichts weist darauf hin, dass er damals schon eine Annektierung der Krim, geschweige denn anderer Gebiete der Ukraine im Auge hatte. Putins Vorgehen auf der Krim scheint eine spontane Reaktion auf den Sturz Janukowitschs gewesen zu sein.

Ohnehin könnte Russland, selbst wenn es wollte, die Ostukraine nicht so ohne weiteres einnehmen und annektieren, und schon gar nicht das gesamte Land. Auch wenn Russland über eine mächtige Militärmaschinerie und eine leistungsstarke Wirtschaft verfügte, könnte es die Ukraine vermutlich nicht endgültig besetzen. Man denke nur an die Erfahrungen der Sowjetunion und der USA in Afghanistan, die der USA in Vietnam und im Irak und die der Russen in Tschetschenien, die deutlich machen, dass eine militärische Besetzung meist übel ausgeht. Putin muss bewusst sein, dass der Versuch, die Ukraine zu unterwerfen, in etwa so ist, als versuchte er ein Stachelschwein zu verschlucken. Seine Reaktion auf die dortigen Ereignisse ist bislang defensiv, nicht offensiv.

Ausweg aus dem Dilemma

Da die meisten westlichen Staatschefs nach wie vor leugnen, dass Putins Verhalten von legitimen Sicherheitsbedenken geleitet sein könnte, ist es nur folgerichtig, dass sie Russland durch eine Intensivierung ihrer bestehenden Politik zu beeinflussen und mit Strafen von weiteren Aggressionen abzuschrecken versuchen. John Kerry zufolge liegen zwar „alle Optionen auf dem Tisch", doch weder die USA noch ihre NATO-Verbündeten sind bereit, die Ukraine unter Militäreinsatz zu verteidigen. Der Westen baut stattdessen auf Wirtschaftssanktionen, die Russland zwingen sollen, die Unterstützung des Aufstands in der Ostukraine einzustellen.

Solche Maßnahmen sind wenig effektiv. Harte Sanktionen sind vermutlich ohnehin vom Tisch. Westeuropäische Länder, insbesondere Deutschland, sehen davon ab, weil sie befürchten, dass sich Russland rächen und in der EU schweren wirtschaftlichen Schaden anrichten könnte. Doch auch wenn die USA ihre Verbündeten dazu brächten, drastische Maßnahmen zu ergreifen, würde Putin wohl nicht umlenken. Die Geschichte zeigt, dass Länder, die ihre strategischen Kerninteressen wahren wollen, auch schwerste Strafmaßnahmen hinnehmen. Warum sollte Russland eine Ausnahme von dieser Regel sein?

Zudem halten die westlichen Staatschefs ja an der provokativen Politik fest, die der Krise vorausging. Im April erklärte

US-Vizepräsident Joseph Biden bei einem Treffen mit ukrainischen Abgeordneten: „Dies ist die zweite Gelegenheit, das von der Orangenen Revolution gegebene Versprechen einzulösen." CIA-Direktor John Brennan machte die Sache nicht eben besser, als er im selben Monat Kiew einen Besuch abstattete, der nach Auskunft des Weißen Hauses eine Verbesserung der sicherheitspolitischen Zusammenarbeit mit der ukrainischen Regierung zum Ziel hatte.

Die EU treibt derweil ihr Projekt der „Östlichen Partnerschaft" voran. Im März beschrieb der Präsident der Europäischen Kommission José Manuel Barroso die Haltung der EU gegenüber der Ukraine mit den Worten: „Wir stehen in der Schuld, haben eine Pflicht zur Solidarität mit diesem Land, und wir werden uns bemühen, es möglichst nah bei uns zu haben." Und tatsächlich unterzeichneten die EU und die Ukraine am 27. Juni das Wirtschaftsabkommen, das Janukowitsch sieben Monate zuvor so folgenreich abgelehnt hatte. Ebenfalls im Juni wurde auf einem Treffen der NATO-Außenminister vereinbart, dass die Allianz Neumitgliedern offen stehen werde; allerdings sahen die Außenminister davon ab, die Ukraine namentlich zu erwähnen. „Bei der NATO-Erweiterung hat kein Drittland ein Vetorecht", erklärte NATO-Generalsekretär Anders Fogh Rasmussen. Die Außenminister einigten sich außerdem auf diverse Maßnahmen zur Stärkung des ukrainischen Militärs, etwa in den Bereichen Führung, Logistik und Cyberabwehr. Diese Entscheidungen haben die russische Führung natürlich abgeschreckt. Die Reaktion des Westens auf die Krise macht die Lage nur noch schlimmer.

Dabei gibt es für die Ukraine-Krise eine Lösung – für die der Westen allerdings seine Denkweise grundlegend revidieren müsste. Die USA und ihre Verbündeten müssten ihren Plan einer Verwestlichung der Ukraine aufgeben und stattdessen darauf hinarbeiten, dass das Land zu einem neutralen Pufferstaat zwischen der NATO und Russland wird, ähnlich wie Österreich im Kalten Krieg. Westliche Staatschefs müssten sich eingestehen, dass die Ukraine für Putin zu wichtig ist, als dass sie dort ein anti-russisches System unterstützen dürften. Das heißt nicht, dass die künftige ukrainische Regierung für Russland oder gegen die NATO sein müsste. Im Gegenteil sollte eine souveräne Ukraine weder im russischen noch im westlichen Lager angesiedelt sein.

Die Geschichte zeigt, dass Länder, die ihre strategischen Kerninteressen wahren wollen, auch schwerste Strafmaßnahmen hinnehmen. Warum sollte Russland eine Ausnahme von dieser Regel sein?

Um das zu erreichen, müssten die USA und ihre Verbündeten eine NATO-Erweiterung sowohl nach Georgien als auch in die Ukraine offiziell ausschließen. Der Westen sollte zudem an der Ausarbeitung eines gemeinsam von der EU, dem Internationalen Währungsfonds, Russland und den Vereinigten Staaten finanzierten wirtschaftlichen Rettungsplans für die Ukraine mitwirken – ein Vorschlag, den Moskau sicherlich begrüßen würde, da ihm an einer prosperierenden und stabilen Ukraine in der Westflanke gelegen sein muss. Zudem sollte der Westen seine Bemühungen zur Beeinflussung gesellschaftlicher Strukturen in der Ukraine deutlich zurückfahren. Eine weitere Orangene Revolution dürfte nicht aus dem Westen unterstützt werden. Dennoch sollten die politisch Verantwortlichen in den USA und Europa die Ukraine darin bestärken, die Rechte von Minderheiten zu wahren, insbesondere die Sprachenrechte russischer Muttersprachler.

Man mag einwenden, dass ein Umschwenken in der Politik gegenüber der Ukraine zu diesem späten Zeitpunkt die Glaubwürdigkeit der USA in aller Welt schwer beschädigen würde. Es ist auch zu hören, dass die Ukraine das Recht hat, selbst zu entscheiden, mit wem sie sich assoziieren möchte, und dass die Russen kein Recht haben, Kiew an einer Annäherung an den Westen zu hindern. Eine solche Sicht ihrer außenpolitischen Optionen ist für die Ukraine gefährlich. Die traurige Wahrheit ist, dass im Kontext der Großmachtpolitik Macht häufig vor Recht geht. Abstrakte Rechte wie das auf Selbstbestimmung sind weitgehend bedeutungslos, wenn mächtige Staaten mit schwächeren aneinander geraten. Hatte Kuba das Recht, im Kalten Krieg eine Militärallianz mit der Sowjetunion einzugehen? Die USA waren mit Sicherheit anderer Meinung, und ähnlich bewerten die Russen die Hinwendung der Ukraine zum Westen. Es liegt im Interesse der Ukraine, diesen Tatsachen ins Auge zu sehen und im Umgang mit dem mächtigeren Nachbarn Vorsicht walten zu lassen.

Selbst wenn man diese Beurteilung nicht teilt und die Meinung vertritt, die Ukraine habe ein Recht darauf, eine Aufnahme in die EU und die NATO anzustreben, haben die USA und ihre europäischen Verbündeten doch auch das Recht, dieses Ansinnen auszuschlagen. Der Westen muss der Ukraine durchaus nicht entgegenkommen, wenn sie sich auf eine fehlgeleitete Außenpolitik versteift, zumal, wenn ihre Verteidigung nicht von grundlegendem Interesse ist.

Den Träumen einiger Ukrainer nachzugeben, ist es nicht wert, die Feindseligkeiten und Streitigkeiten, die daraus besonders für das ukrainische Volk erwachsen, in Kauf zu nehmen.

Russland ist eine absteigende Macht und wird mit der Zeit nur noch schwächer werden. Doch auch wenn es eine aufsteigende Macht wäre, hätte es keinen Sinn, die Ukraine in die NATO einzugliedern. Der Grund dafür ist einfach: Die Ukraine zählt für die USA und ihre europäischen Verbündeten nicht zu den strategischen Kerninteressen; das belegt die mangelnde Bereitschaft, ihr militärisch zu Hilfe zu eilen. Die Aufnahme eines neuen NATO-Mitglieds, das die anderen Mitglieder nicht zu verteidigen bereit sind, wäre jedoch der Gipfel der Torheit. Bisher wurde die NATO erweitert, weil die Allianz nach liberaler Weltsicht ihre neuen Sicherheitsgarantien nie wird einlösen müssen. Doch das jüngste russische Machtspiel belegt, dass Russland und der Westen auf Kollisionskurs geraten würden, sollte die Ukraine NATO-Mitglied werden.

Eine Fortführung der derzeitigen Politik würde auch in anderen Bereichen die Beziehungen des Westens zu Moskau belasten. Die Vereinigten Staaten brauchen die Hilfe Russlands, um ihre militärische Ausrüstung durch russisches Gebiet aus Afghanistan abzutransportieren, ein Atomabkommen mit dem Iran abzuschließen und die Lage in Syrien zu stabilisieren. Moskau hat Washington in allen drei Bereichen schon geholfen. Auch für die Eindämmung eines aufsteigenden Chinas werden die USA noch russische Unterstützung benötigen. Die derzeitige US-Politik treibt Moskau und Peking jedoch nur näher zusammen.

Die USA und ihre europäischen Verbündeten stehen in der Ukraine-Frage vor einer Entscheidung. Sie können ihre aktuelle Politik fortführen und so die Feindseligkeiten mit Russland verschärfen und die Ukraine zu Grunde richten – ein Szenario, aus dem alle Beteiligten als Verlierer hervorgehen würden. Oder sie können umsteuern und eine wohlhabende, aber neutrale Ukraine anstreben, die keine Bedrohung für Russland darstellt und es dem Westen erlaubt, seine Beziehungen zu Moskau zu kitten. Mit einem solchen Ansatz würden alle Seiten gewinnen.

Dieser Beitrag erscheint zeitgleich im US-Magazin [Foreign Affairs](#).

Autor: [John J. Mearsheimer](#)
Veröffentlicht am 01.09.2014
Thomsen schrieb am 01.09.2014

Gibt's also auch: Self-hating US-Amerikaner.
Alexander Lieven schrieb am 01.09.2014

@Thomsen: Dann mal ab an die Front gegen den bösen Putin, sie Obama-Versteher!
Yota Berlin schrieb am 02.09.2014

Die Analyse ist sehr gut, aber in einem Punkt ist sie falsch. Es heisst hier: „Die Folge ist, dass die USA und ihre Verbündeten unwissentlich eine schwerwiegende Krise um die Ukraine provoziert haben." Ich bin hingegen davon überzeugt, dass diese Krise von den USA wissentlich provoziert worden ist. Die USA profitieren von politischen Krisen und sind bereit, dafür alle Ressourcen einzusetzen. Das ganze Geschehen ist von langer Hand vorbereitet worden und folgt der US-amerikanischen Strategie der Full Spectrum Dominance. Die nächste Krise wird in Russland provoziert werden. Ziel ist es Putin zu stürzen und die Zugriff auf die russischen Ressourcen zu erlangen.

"For the faction controlling the Pentagon, the military complex and the oil industry, the Cold War never ended. They went on 'below the radar,' creating a global network of bases and conflicts to advance their long-term goal of Full Spectrum Dominance, the total control of the planet: land, sea, air, space, outer space and cyberspace. Their methods include control of propaganda, use of NGOs for regime change, Color Revolutions to advance NATO eastward, and a vast array of psychological and economic warfare techniques, a "Revolution in Military Affairs" -- aimed not only at independent nations, but at our own citizenry. "
http://www.progressivepress.com/book-listing/full-spectrum-dominance
Eugen schrieb am 02.09.2014

Ich versuche mal den Artikel in nicht politischen Termen zusammenzufassen.

Auf dem Schulhof gibt es zwei konkurrierende Cliquen, A und R, die nicht miteinander spielen. Die Clique R wird dadurch zusammengehalten, dass der Anführer allen Migliedern vergünstigtes Mittagessen gibt und sie durch Drohungen und Gewalt vom Wegbrechen abhält. Clique A scheint aber irgendwie interessant zu sein, weil deren

Schulnoten in VWL und SoWi deutlich besser sind, und sie auch nie Gewalt gegeneinander anwenden, und weil sie sich das Mittagessen zu normalen Preisen in der Kantine kaufen können.

Jetzt will ein Mitglied von R Nachhilfe von A in VWL nehmen, und als Reaktion darauf holt der Anführer von R sein Messer raus, und fängt an, ihm einen Arm abzuschneiden.

Verantwortlich dafür ist laut Autor die Clique A. Sie hätte wissen müssen, dass sich der Anführer von R sich alleingelassen fühlen würde und mit Gewalt reagiert. Sie hätten also den Mitgliedern von R nicht anbieten dürfen, zusammen für die VWL Prüfung zu lernen.

Eine etwas verdrehte Logik, wenn ihr mich fragt.
Lena Badenchuk schrieb am 02.09.2014

Artikel ist sehr schwach und eindeutig durch die russische Propaganda gesteuert. Die Entwicklungen in der Ukraine und die Bevölkerung wurden nicht beschrieben. Dafür viel Provokation, nicht belegten Daten.

IPG darf so was nicht publizieren. Artikel scheint weit entfernt vom "wissenschaftlich" zu sein.

Zur Person

John J. Mearsheimer

Chicago

John J. Mearsheimer ist Politikwissenschaftler an der University of Chicago. Er befasst sich hauptsächlich mit Internationalen Beziehungen. 2001 wurde er mit seinem Buch über offensiven Neorealismus bekannt, *The Tragedy of Great Power Politics*.

HEIMAT FÜR ALLE

Eric Hobsbawm

Sozialhistoriker und Philosoph Eric Hobsbawm, 92. "Was Shakespeare für die Darstellung der menschlichen Seele getan hat, das ist dem Historiker Hobsbawm bezüglich der Universalgeschichte gelungen", so die "Süddeutsche Zeitung"
© Volker Hinz

Billionen Euro und Dollar setzen die Politiker gegen die Wirtschaftskrise ein. Wissen sie, was sie da tun? Nein, sagt Eric Hobsbawm, einer der wichtigsten Historiker der Gegenwart. Schlimmer noch als die Große Depression, die er vor 80 Jahren in Berlin miterlebte, sei der Zusammenbruch heute. Er hat Angst, dass der Kapitalismus sich über eine fürchterliche Katastrophe rettet.

Herr Hobsbawm, Sie haben das Verschwinden von vielen Systemen erlebt: den Untergang der Weimarer Republik, die

Zerschlagung des Faschismus, das Absterben der DDR, den Kollaps des Kommunismus und nun …

Wenn Sie das so aufzählen, merke ich, dass ich fast so etwas wie ein Museumsobjekt bin. Als ich ein Kind war, war der König von England auch noch der Kaiser von Indien, die Welt bestand zum großen Teil aus Monarchien, Kaiser- und Kolonialreichen. Und fast alle sind flöten gegangen.

Und nun erleben Sie vielleicht auch noch das: das Ende des Kapitalismus.

Nein, ich glaube nicht, dass ich dieses Ende, über das ich mich freuen würde, noch erlebe. Als Historiker weiß ich aber, dass es keine Dauerlösungen gibt. Auch der Kapitalismus, egal, wie zäh er ist und wie sehr er auch in den Köpfen der Menschen als etwas Unabänderliches erscheint, er wird verschwinden, früher oder später.

Klar, dass Sie das so sehen müssen.

Wieso denn?

Sie als alter Marxist, der hier in London in Rufweite vom Grab von Karl Marx lebt.

Spotten Sie nicht. Dass ich Marxist geworden bin, liegt an meinen persönlichen Erfahrungen in den 30er Jahren, in der Großen Depression.

Sie lebten damals in Berlin, Sie wissen also, was das heißt: Krise.

Ich habe als junger Mensch zwischen Schule und Straßenkämpfen mitbekommen, was es bedeutet, wenn Arbeitslosigkeit sich durch die Gesellschaft frisst. Das ist wie eine alles zersetzende Krankheit. Die Angst kroch in das Bürgertum. Mir war damals klar, dass wir auf der "Titanic" sind und dass wir bald den Eisberg rammen würden. Das einzig Ungewisse war, was passieren würde, wenn es so weit ist. Wer würde ein neues Schiff bereitstellen?

Sie wussten, dass ein System zu Ende gehen würde?

Ja. Ich lebte in einer Welt, an deren Fortbestand keiner mehr glaubte. Eigentlich war ich literarisch interessiert, ein Schöngeist eben. Aber das war unmöglich 1931/32 in Berlin, man wurde politisiert, ich wurde Mitglied des Sozialistischen Schülerbunds. Die Krise war wie ein Vulkan, der politische Eruptionen hervorrief. Vor der letzten Reichstagswahl habe ich noch Flugblätter verteilt, es war gefährlich, aber für mich als Jugendlichen war da auch so ein Element von Indianerspielen, wie bei Karl May, dabei. Am 25. Januar 1933 organisierte die KPD ihre letzte legale Demonstration, einen Massenmarsch durch die dämmrigen Straßen Berlins zum Karl-Liebknecht-Haus. Wir sangen Lieder wie "Der kleine Trompeter", auch ein Lied über die Bauernkriege, "Wir sind des Geyers schwarzer Haufen", die "Internationale", es war da ein kollektives Hochgefühl, Massenekstase trotz Zukunftsangst.

Als Hitler an die Macht kam, da …

Als er am 30. Januar 1933 zum Reichskanzler ernannt wurde, es war ein kalter Tag, auf dem Heimweg von der Schule mit meiner Schwester las ich die Schlagzeilen, ich kann sie immer noch, wie im Traum, vor mir sehen. Ja, ich habe es gespürt: Das ist ein historischer Wendepunkt.

Und jetzt? Stehen wir wieder an einem Wendepunkt?

Ich denke, ja. Der 15. September 2008, der Tag, an dem die Lehman-Bank zusammenbrach, wird den Lauf der Geschichte mehr verändern als der 11. September 2001, als die Türme des World Trade Centers zusammenbrachen.

Riskieren Sie doch mal einen Blick in die Zukunft.

Wir Historiker sind keine Propheten. Ich kann nur sagen: Wir kommen wohl noch nicht an den Jüngsten Tag. Aber Teile der Welt können untergehen.

Warum bloß?

Zunächst mal: Mir, der ich die Große Depression miterlebt habe, fällt es immer noch unfassbar schwer zu verstehen, wieso die Ideologen der entfesselten Marktwirtschaft, deren Vorgänger schon einmal so eine fürchterliche Katastrophe, also Armut, Elend, Arbeitslosigkeit, letztendlich auch den Weltkrieg mitverursacht haben, in den späten Siebzigern, den 80er, 90er Jahren des vergangenen Jahrhunderts wieder das Sagen haben konnten.

Warum? Wie erklären Sie sich das?

Der Mensch hat ein unglaublich kurzes Gedächtnis. Wir Historiker schreiben die Verbrechen und den Wahnsinn der

Menschheit auf, wir erinnern an das, was viele Menschen vergessen wollen. Aber fast nichts wird aus der Geschichte gelernt. Das rächt sich nun. In den letzten 30, 40 Jahren wurde eine rationale Analyse des Kapitalismus systematisch verweigert.

Wir haben jede Menge Wirtschaftswissenschaftler, Experten, die den ganzen Tag nichts anderes tun.

Wir haben vor allem Theologen des Marktes mit einem kindlichkindischen Glauben, dass der Markt alles von allein regeln wird. Sie verschließen die Augen vor der Wirklichkeit, das macht sie so gefährlich für die Menschheit. In den vergangenen Jahren weigerten sie sich einfach, die Krisen, die sich immer mehr aufbauten, überhaupt wahrzunehmen. Verblendete. Ignoranten.

Manche in den USA sprachen - ganz euphorisiert - vom Ende der Geschichte. Gab es denn gar keinen Grund für diesen Optimismus?

Nein. 40 Prozent der Weltbevölkerung leben von einem Dollar am Tag. Das ist doch keine Basis für eine stabile Gesellschaftsordnung. Von wegen Ende der Geschichte. Die Krisen wurden am Rand immer größer und immer dramatischer. Bei uns im Zentrum kamen sie gelegentlich als Börsenkräche an, die bald wieder repariert waren, das Spiel konnte weitergehen.

Das Spiel ist aus.

Ja, das kann man wohl so sagen. Diese Krise hat eine völlig neue Qualität. Das Einzige, an dem sich die Politiker ein wenig orientieren können, ist die Zeit zwischen 1929 und 1933.

Nun haben wir, sagt die "New York Times", sogar eine Krise, die womöglich dramatischer ist als die der Großen Depression. Und diese Depression damals sei erst durch den Weltkrieg bereinigt worden.

Roosevelts heute so gefeierter New Deal hat die Krise tatsächlich nicht beendet, er verhinderte allenfalls politische und soziale Aufstände in den USA. Niemand bekam in den 1930er Jahren die Krise wirklich in den Griff. Und heute - obwohl sich Geschichte nicht wiederholt - ist es ähnlich dramatisch wie damals, nein schlimmer: Keine Regierung weiß, was sie tun soll.

Wie bitte? US-Präsident Barack Obama pumpt Billionen Dollar in die Wirtschaft, Angela Merkel und die Bundesregierung legen milliardenschwere Konjunkturprogramme auf, auf dem G-20-Gipfel haben sie erklärt: Wir halten zusammen! Wir wissen, was wir tun!

Haben Sie das Gefühl, die wissen wirklich, was sie tun? Stecken da Konzepte, Analysen dahinter? Nein, aufgeschreckt wie Krankenschwestern eilen die Politiker ans Bett des Kapitalismus und tun so, als ob sie etwas täten.

Sie wissen nicht, wohin sie gehen?

Ja, und das macht die Sache so schrecklich ungemütlich: Sie wissen einfach nicht, was sie tun sollen! Was wir im Augenblick erleben, ist ja etwas, was es nach der radikalen Moraltheologie des Marktes gar nicht geben kann und darf, es ist also etwas, was das Denkvermögen der Akteure sprengt. Wie ein blinder Mann, der durch ein Labyrinth zu gehen versucht, klopfen sie mit verschiedenen Stöcken die Wände ab, ganz verzweifelt, und sie hoffen, dass sie so irgendwann den Ausgang finden. Aber ihre Werkzeuge funktionieren nicht.

Der frühere französische Premierminister Laurent Fabius fürchtet "soziale Revolten", und die, meint die SPD-Präsidentschaftskandidatin Gesine Schwan, könnten zu einer Gefahr für die Demokratie werden.

Alles ist möglich. Inflation, Deflation, Hyperinflation. Wie reagieren die Menschen, wenn alle Sicherheiten verschwinden, sie aus ihrem Leben hinausgeworfen, ihre Lebensentwürfe brutal zerstört werden? Meine geschichtliche Erfahrung sagt mir, dass wir uns - ich kann das nicht ausschließen - auf eine Tragödie zubewegen. Es wird Blut fließen, mehr als das, viel Blut, das Leid der Menschen wird zunehmen, auch die Zahl der Flüchtlinge. Und noch etwas möchte ich nicht ausschließen: einen Krieg, der dann zum Weltkrieg werden würde - zwischen den USA und China.

Das ist doch Unsinn.

Nein.

Okay, das ist doch einfach absurd, dieser Gedanke!

Nein. Im Augenblick, das gebe ich gern zu, erscheint dieses Szenario sehr unwahrscheinlich. Im Augenblick scheinen sich China und die USA zu ergänzen, ja sich sogar zu stützen, sie erscheinen geradezu komplementär. Doch im pazifischen wie im asiatischen Raum wird ihr Konkurrenzkampf immer härter. Es gibt keine Basis für eine dauerhafte Freundschaft zwischen diesen beiden Großmächten.

Eric Hobsbawm in seiner Londoner Wohnung
© Volker Hinz

Hören Sie doch bitte auf mit Ihrem Pessimismus!

Ob es Ihnen passt oder nicht: Es gibt wenig Grund, hoffnungsvoll in die Zukunft zu blicken! Im 19. Jahrhundert glaubten die Menschen, es gehe stets aufwärts, vorwärts, man werde zivilisierter, man werde gebildeter. Die Leute lernten lesen, schreiben, sie glaubten, es gehe nicht nur materiell, sondern gleichzeitig auch moralisch voran. Man konnte optimistisch sein.

Aber dann kam 1914.

Und da hört das alles auf. Ein schreckliches, ein extremes Zeitalter beginnt: Mehr Menschen als jemals zuvor wurden im 20. Jahrhundert in Kriegen oder auf Weisung und mit staatlicher Erlaubnis ermordet. Die Folter, die im Westen offiziell abgeschafft worden war - ein dramatischer Fortschritt in der Menschheitsgeschichte -, sie kam zurück! Und wurde am Anfang des neuen Jahrtausends durch die USA wieder zu einem staatlichen Mittel der Befragung! Die Barbarei schreitet voran. Anerkannte Werte der Zivilisation werden plötzlich wieder aberkannt.

So wie Sie reden, kann man nur sagen: Der Mensch ist blöd.

Sehen Sie, materiell hat sich die Welt für sehr viele Menschen verbessert. Man ist größer, lebt länger, man ist gesünder. Aber geistig, politisch, moralisch - da kommt der Mensch nicht hinterher, vielleicht entwickelt er sich sogar im Augenblick noch weiter zurück. Was sind die Werte des Lebens? Warum leben wir? Wozu?

Was ist Ihre Antwort?

Tja, ich könnte nun fragen, warum hält der Mensch an einem System fest, das regelmäßig die fürchterlichsten Katastrophen produziert? Das die Umwelt ausbeutet und zerstört, den Ast also absägt, auf dem er sitzt? Und jetzt brechen und knacken überall die Äste. Vielleicht wird die Menschheit noch bedauern, dass sie nicht auf Rosa Luxemburg gehört hat: Sozialismus oder Barbarei.

Ich bitte Sie: Es waren Ihre politischen Freunde, die Erben Lenins, die den Gegenentwurf zum Kapitalismus zertrümmert, den Gedanken an die Utopie zerstört haben.

Ja, das stimmt. Und das rächt sich nun. Denn nun, wo wir es wirklich brauchten, gibt es kein Gegenprojekt für die Menschheit! Das ist fatal.

"Unverantwortliche Banker", sagt die Kanzlerin, "hemmungslose Gier", erklärt der Bundespräsident, hätten die Grundlagen des Gemeinwesens verzockt. Mich erinnert das an mittelalterliche Deutungsversuche. Gab es früher eine Dürre, hieß es: Wir haben gesündigt, Gott straft uns dafür. Und nun soll wieder eine Todsünde, Gier, schuldig am Schlamassel sein - der strafende Gott ist nun der strafende Markt!

Die Politiker müssen so reden, sie können ja wohl schlecht zugeben, dass nicht der einzelne Mensch, sondern das System an sich falsch ist. Der Markt ist nicht moralisch. Die reine Marktwirtschaft ist auf Habgier aufgebaut - und auf sonst gar nichts, das ist das System.

Vielleicht ist es einfach so: Der Mensch ist habgierig - fertig, aus, Nikolaus.

Nein. Nein. Auch Karl Marx hat ja nie gegen gierige Kapitalisten argumentiert, er war gegen ein System, das notwendigerweise Habgier schafft. Der Mensch, mein fester Glaube, kann anders sein. Aber im Kapitalismus sucht jeder seinen Vorteil, jeder ist dazu verdammt, sonst geht er unter.

Die Banker, sagen Sie, haben also nichts übertrieben?

Sie haben sich absolut systemimmanent verhalten. Profit. Gewinn. Maximales Wirtschaftswachstum. Die marktradikalen Theorien sind ja wunderbar - wenn man von der Wirklichkeit absieht. Man konstruiert sich ein System, nennt es Freiheit, und in der Theorie funktioniert es: Jedermann, jeder Mensch, jede Firma sucht für sich den Vorteil, den rational kalkulierbaren Vorteil, und der Markt, jenseits des menschlichen Urteils, regelt alles zum Guten. Eine primitive Ideologie. Das Wissen von Leuten jedoch, die den Kapitalismus analysiert und verstanden hatten, wurde dagegen verspottet und vergessen: Leute wie Marx und Schumpeter wussten, dass der Kapitalismus etwas Instabiles ist, dass er sich entwickelt und revolutionär voranschreitet, aber auch zwangsläufig zusammenbricht, dass er stets anfällig ist für Krisen von unterschiedlicher Dauer und bisweilen großer Heftigkeit.

Und nun rufen selbst die ungestümsten Freunde der Marktwirtschaft nach dem Staat.

Ja, das ist doch eine nette Ironie der Geschichte.

Und Sie freuen sich, recht zu haben.

Ich empfinde eine gewisse Schadenfreude, ja.

Ähnlich empfand Karl Marx 1857 in einer Krise, er amüsierte sich: "Dass die Kapitalisten nun überall von den Regierungen öffentliche Unterstützung verlangen, ist schön."

Ja, und sie glauben auch nun, dass nach einer kurzen Zeit des staatlichen Eingriffes alles wieder zum Alten zurückkehren werde. Aber das wird nicht passieren.

Warum denn nicht?

Es ist ganz einfach: Entweder hören wir mit der Ideologie des grenzenlosen Wachstums auf, oder es passiert eine schreckliche Katastrophe. Entweder wandelt sich die Gesellschaft, scheitert aber dieser Versuch, dann kommt die Finsternis. Heute geht es um das Überleben der Menschheit.

Sie mögen es dramatisch.

Nein. Die Menschheit kann nicht zum Laisser-faire-Kapitalismus der letzten Jahrzehnte zurückkehren. Die Zukunft kann keine Fortsetzung der Vergangenheit oder auch der Gegenwart sein. Die Lösung liegt in der richtigen Kombination aus Markt und Staat.

Das könnte auch der Marktradikale Guido Westerwelle sagen, genau so!

Nein. Es kann so nicht weitergehen. Wir werden Gesellschaften bekommen müssen, in denen der Staat wieder eine größere Rolle, eine viel größere Rolle spielt.

Und das ist alles?

Anders geht es im Moment nicht, oder soll ich auf die große Revolution hoffen? Nein, die Zeit drängt. Die Welt riskiert im Augenblick eine Explosion wie eine Implosion. Sie muss sich also ändern.

Aber danach sieht es nicht aus: Mit der Abwrackprämie etwa hier in Deutschland wird die Wegwerfgesellschaft sogar noch staatlich subventioniert.

Die Politiker sind Gefangene des alten Denkens, das ist beängstigend. Womöglich kann sich der Kapitalismus tatsächlich nur durch eine Riesenkatastrophe retten, wie es Schumpeter nennen würde, durch eine "kreative Zerstörung". Ich möchte das nicht, aber sehen Sie, die Schäden und Zerstörungen nach dem Zweiten Weltkrieg waren ein ungeheurer Ansporn zum Aufbau.

Sie sind ein Apokalyptiker.

Ich stelle nur fest: Keiner kann wissen, wie wir aus der Krise kommen, denn so etwas wie heute hat es noch nie gegeben. Und noch etwas kommt hinzu: Die Weltwirtschaft verschiebt sich vom Westen, ihrem historischen Zentrum, in ein neues Zentrum, nach Asien - ein Vorgang, der schon in normalen Zeiten für unruhige Zustände sorgen würde.

Was mich beunruhigt: Es herrscht - angesichts der Herausforderungen - eine Dürre des Denkens, eine Art intellektuelle Wortlosigkeit.

Ja, Sie haben recht. Es fehlen heute Leute und Denker wie Keynes, der in den Dreißigern so weitsichtig war, dass es ihm gelang, den Kapitalismus zu bändigen. Er wollte den Kapitalismus nicht überwinden, er wollte ihn stabilisieren, er wollte ihn retten. Er sagte ganz offen: "Meine Klasse ist das gebildete Bürgertum, und ich möchte eine Welt, in der es Leuten wie mir gut geht. Aber das heißt, es muss den anderen auch gut gehen."

Also: Was ist zu tun?

Ich sehe nur einen Weg aus dem Dilemma, der aber setzt eine fundamentale Bewusstseinsveränderung voraus, er ist ein internationales, ein Riesenprojekt: die Welt gegen die Umweltgefahr sicherer machen. Das würde helfen, die Wirtschaft anzukurbeln, aber es wäre auch ein Projekt, das man gegen die Marktkräfte durchsetzen müsste.

Mein Gott, für einen alten Marxisten hören Sie sich sehr bescheiden an!

Ja. Ich bin nun 92 Jahre alt, lebe von einem Tag auf den anderen, aber meine Utopie ist schon noch die vom alten Marx, dass der Mensch das höchste Wesen für den Menschen sei, "also mit dem kategorischen Imperativ, alle Verhältnisse umzuwerfen, in denen der Mensch ein erniedrigtes, ein geknechtetes, ein verlassenes, ein verächtliches Wesen ist". Irgendwo in meinem Innern schlummert noch immer der Traum der Oktoberrevolution.

"Alle Revolutionen", sagte aber Ihr Marx, "haben bisher nur eins bewiesen, nämlich dass sich vieles ändern lässt, bloß nicht die Menschen."

Das stimmt. Aber eine große Sache ist es dennoch, dieses Prinzip Hoffnung. Auch wenn die ideale Gesellschaft, wie Max Weber glaubte, jenseits unserer Möglichkeiten liegt, ist nichts Ernsthaftes in der Politik zu erreichen, wenn man nicht an sie glaubt. Der Mensch hat die Anlagen zum Guten wie zum Schlechten - und wie er sich benimmt, das kann man wohl ändern! Dass unsere Welt, immer noch oder endlich mal Heimat für alle werden kann - das ist doch ein schönes Ziel!

Interview: Arno Luik

HERR, ICH GLAUBE

Kardinal Christoph Schönborn

Wer ist schuld an all der Not in der Welt? Warum gibt es Behinderte von Geburt an? Warum kommt ein Kind blind auf die Welt? Solche Fragen haben seit eh und je die Menschen bewegt. Und immer neu kommt die Frage auf: Wer ist daran schuld? Heute lautet die Frage oft: Wenn Gott gut ist, warum lässt er dann das Leid zu? Damals fragten sich die Menschen: Die Behinderung muss eine Strafe Gottes sein! Wer also hat diese Strafe verdient? „Wer hat gesündigt", dass dieser Mann blind geboren wurde, so fragen die Jünger Jesus, als sie diesen Bettler sehen. „Er selbst? Oder haben seine Eltern gesündigt, sodass er blind geboren wurde?"

Sagen wir nicht, das gibt es heute nicht mehr. Ich kenne Eltern von behinderten Kindern, denen „superfromme" Leute doch tatsächlich sagen: Gott hat euch gestraft, weil ihr das und das getan habt! Deshalb ist das Kind behindert. Manchmal kommt die schmerzliche Frage auch im Herzen der Eltern auf: Haben wir etwas falsch gemacht? Ist die Behinderung unseres Kindes vielleicht doch unsere Schuld, die Strafe dafür?

Jesu Antwort ist klar: „Weder er, der Blindgeborene, noch seine Eltern haben gesündigt." Jesus richtet den Blick nicht nach hinten, sondern nach vorne. Nicht die Frage: Warum? Sondern: Wozu? Jesus lädt seine Jünger, und damit auch uns heute ein, nicht in der Vergangenheit herum zu graben, sondern in die Zukunft zu schauen: An dem Behinderten „soll das Wirken Gottes offenbar werden".

Jesus will unseren Blick wenden und wandeln. Sieh nicht zuerst das Unglück, sondern die Chance. Nun mag man einwenden: Dieser Blinde hat Glück gehabt. Jesus hat ihn auf wunderbare Weise geheilt. Aber wie viele bleiben ihr Leben lang blind oder behindert? Wo ist da die Chance?

Jesus will mit der Heilung des Blindgeborenen etwas zeigen, das für alle gilt: Jeder geht mit Lasten und Bürden durchs Leben. Auch die Gesunden haben ihre Wunden, seelischer Art. Körperliche Gesundheit ist kostbar, aber nicht alles. Jesus hat nicht nur dem Blinden die Augen geöffnet.

Er will auch uns ein neues Sehen schenken. Er möchte, dass wir das Wirken Gottes auch in unserem eigenen Leben entdecken.

Ich denke bei diesem Evangelium an liebe Freunde, deren letztes, fünftes Kind, mit Down Syndrom, Trisomie 21, zur Welt kam. Sie sagen immer: Dieses Kind ist unser Sonnenschein. Und tatsächlich ist es so. Seine Eltern und Geschwister fragen sich nicht: Hat Gott uns gestraft? Sie sehen, wie sehr ihr Leben durch dieses Kind bereichert wurde.

Jesus macht uns Mut, die Schwierigkeiten im eigenen Leben nicht als Strafe zu sehen, nicht als bloßes Unglück. Letztlich sind es gerade jene Nöte, die uns dorthin führen können, wohin schließlich der Blindgeborene fand: **Herr, ich glaube!**

Ich fahr Dich dann mal, eben

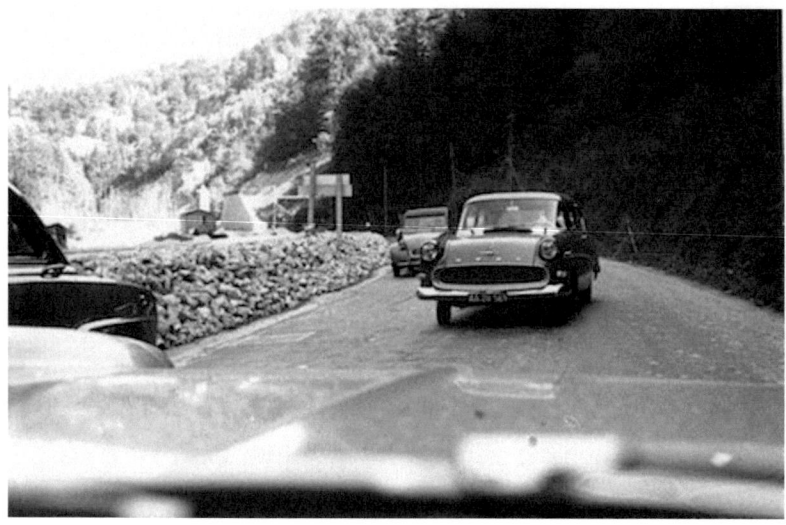

Eigentlich ein Gedanke, der jeden einmal trifft, wenn er ein gewisses Alter erreicht, die Jugend hinter sich gelassen hat, oder dem Tod schon zuuuoft begegnet ist.

Wie geht es weiter? Nach dem Tod.

Was ist das eigentlich, das „ewige Leben". ?

Wie komme ICH denn in den Genuss der Ewigkeit?

Oder: ist das ein Segen, oder ein Fluch? Immer wieder aufzuwachen, und zu merken: der gleiche Tag beginnt. Ganz so wie beim Murmeltier….

Es war Sighard, der mich auf diese Idee brachte, obwohl er vermutlich ganz etwas anderes damit bezweckte. Ich gehe einfach davon aus, dass es so war.

Wir sprachen, veritabel, über Gott und die Welt.
Er, Sighard, und ich. Er war ein Augustiner Mönch, ich der, der ich halt bin. Ein zunächst einfaches Gespräch, das alsbald mutierte. Mutierte zu einer hochkarätigen Diskussion im schönsten Sinne der Klassiker und Philosophen. Aber doch mit ein wenig vorsichtigem Betasten und Ausloten verbunden. Sighards Thema war der Tod. Als Mann des Glaubens brauchte er sich ja vor dem Tod nicht zu fürchten, versicherte er. Auch nicht vor dem Sterben, erklärte er.
Doch da hatte ich so meine leichten Bedenken. Er wünsche sich einen Tod im Hinüberschlafen. Einfach so. Er schläft ein und wacht nicht mehr (im Diesseits) auf. Angenehm.

Als wir dann wieder Richtung nördlicher Heimat fuhren, musste ich an Sighards Gedanken denken. Ich schlief, neben dem Steuer sitzend, ein.
Am Steuer saß jemand, der Sighards Traum hätte wahrmachen können. Ich fahr´ Dich dann mal eben …

Dazu meint: ReginaChristian

Wie wäre ein Winter zu ertragen,
ohne Hoffnung auf den Frühling,
wie ein Abschied auszuhalten,
ohne Hoffnung auf ein Wiedersehen?

Nur die Hoffnung,
dass es immer wieder hell wird,
lässt uns die langen, finsteren
Nächte durchstehen.

Der Autor der umseitigen Anmerkungen:

„Das erinnert MICH nun ein wenig an die G´schicht vom „lonesome cowboy"!

 Ja, oder eben am Beifahrersitz zu sitzen....

 eine veritabel schlimme Interpretation des Prinzips Hoffnung von Pater Andreas

Nein, in manchen Fällen eine absolut realistische Interpretation. Nur die Hoffnung lässt dich überhaupt einsteigen, die Hoffnung anzukommen.

Wie beim Zug des Lebens!

Gott ist im Leben jedes Menschen"

Eigentlich ist er fast so was wie ein Popstar. Er hat jede Menge Fans und wenn er auftritt, strömen die Massen hin und jubeln ihm zu. Papst Franziskus hat der katholischen Kirche ein ganz neues, modernes und freundliches Gesicht gegeben.

Papst Franziskus setzt neue, wohltuende Akzente in der katholischen Kirche. Die einfachen Worte und Zeichen sind stimmig und werden von den Menschen verstanden. „Er hat die sakrale Welt des Vatikan auf den Boden heruntergeholt", meint der Kapuzinergeneral Mauro Jöhri. Er will eine Kirche, die sich die Hände schmutzig macht und wirklich bei den Armen ist.

Gott ist Gegenwart

Beim Papstbesuch in Assisi hat der Papst den Franziskanern eine Lektion erteilt, als er in einer Caritas-Suppenküche statt wie üblich bei den Ordensbrüdern zu Mittag gegessen hat. In Rio de Janeiro, vor über einer Million junger Menschen, sagte der Papst: „Es gibt die Versuchung, Gott in der Vergangenheit zu suchen. Gott ist sicher in der Vergangenheit, denn man findet ihn in Abdrücken, die er hinterlassen hat – aber ‚der konkrete Gott' ist heute. Ich habe eine Sicherheit: Gott ist im Leben jeder Person. Gott ist im Leben jedes Menschen – auch wenn das Leben eines Menschen eine Katastrophe war".

Wie sagte unlängst eine Frau zu mir: Nun ist es wieder schön zur katholischen Kirche zu gehören.

Gott hat mich berufen

Ich fühle mich berufen.

von Gott berufen,

meinen Mitmenschen zu dienen, und Ihnen zu helfen, den richtigen (im Sinne von: rechten) Weg zu finden.

Das kann ich, wie ich überzeugt bin, nur als Priester.

Die Chance dazu sehe ich in der Brüderschaft der Augustiner Chorherren im Stift Vorau.

Gewähren Sie, Herr Propst, und ihre Mitbrüder mir, bitte die Möglichkeit, meiner Berufung zu folgen.

Ich glaube, es ist wichtig, einen sicherlich sehr kleinen, aber notwendigen Beitrag leisten zu können, auch nur wenige verirrte Schafe auf den rechten Weg zurückzubringen.

Statt meines Lebenslaufs habe ich ein paar Zeilen zusammengestellt, die mir im Laufe der vergangenen Jahre zu diesem ganz besonderen Anliegen „einfach so" aus der Feder geflossen sind:

<u>Ein Ruderboot auf hoher (stürmischer) See</u>

Du hast mir die Frage gestellt, wie ich mich fühle. Ich habe geantwortet: „ wie in einem Segelboot auf stürmischer See, dem das Ruder(blatt) verlorengegangen ist"; ich hätte auch sagen können: „ich fühle mich, wie in einem Ruderboot, ohne Ruder, auf offener See". Vielleicht schlimmer, aber von der Aussage her gleich.

Dann hatte ich (D)eine Begegnung

Nun hat Gott das Ruder übernommen. Ich bin weder Steuermann, noch Kapitän, noch irgendein Mitglied der Crew. Ich bin einfach ich: Passagier.

Wo die Reise nun hinführt, weiß ich nicht. Ich weiß nur: ich vertraue IHM, und lasse mich leiten.

Ich sitze ganz vorne im Ruderboot. ER hat das Ruder, ich sehe ihn nicht, spüre aber, dass mein Vertrauen für diese Reise wichtig ist. Ich will einfach vertrauen.

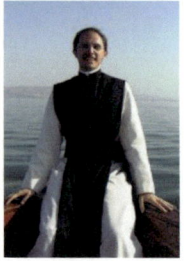

<u>Und ich dachte schon, ich hätte den Herrn gesehen! Oder? War´s nun doch „nur" sein Sohn?!</u>

So werden Sie sich nun vielleicht sagen: tja, jetzt spinnt er aber schon wirklich komplett!

Mag ja sein, dass sie so denken, aber: DANNN haben sie es halt einfach noch nicht erfahren, oder besser: ist es ihnen bislang doch noch nicht widerfahren. Dieses einzigartige, unbeschreibliche, übersinnliche Erlebnis: „Dem Herrgott pfeil g´rad in´s Aug´ zu(m) schau(g)n"

Es begann schon recht merkwürdig: Wir fuhren mit unserem guten Oldtimerchen gen Italien, wobei ja schon dieses Unterfangen einem kleinen Wunder gleichkam. Da traf ich Ihn das erste Mal in Gestalt einer kleinen geschnitzten Figur, die Ihn mit dem Herzen darstellte. Ein für mich insofern erfüllter, und freudiger Anblick, als man Ihn EINMAL nicht am Kreuze hängen und leiden sah, sondern einfach fröhlich lächelnd und zufrieden, die Hand am Herzen haltend. Er lächelte und schien mir fröhlich zu zu zwinckern. (man muß dazu sagen, dass er in einer bestimmten Entfernung von mir aufgestellt war, und ich keine Brille trug)

Die zweite Begegnung hatte ich mit Ihm, als ich – schon sichtlich ermattet – den Kreuzkofel nahe der „alta badia", dem Abteital, hinaufstapfte. Da sah ich mich plötzlich von den 12 Kreuzwegstationen umzingelt, die den Weg säumten. In immer schlimmeren Darstellungen wurde das Leiden Christi auf kleinen Halb-Relief-Bildern wiedergegeben. Durch die Eigenart und Leidenschaft der Darstellungen angeregt, fotografierte ich diese kleinen Bildnisse mehrfach, ohne mir wirklich sicher zu sein, welches davon das größte Leid widerspiegelte.

Als ich mir zu Hause angekommen, die Bilder auf meiner (digital)Kamera ansehen wollte, war kein einziges zu sehen….

Und dann sah ich IHN leibhaftig vor mir. In Gestalt eines querschnittgelähmten jüngeren Mannes, der auf einer Bahre lag. Als einzige Bewegung seines Körpers entkam Ihm gerade einmal ein (un)gewolltes Zucken der Finger seiner verkrümmten Hände. Ich sah Ihn, wie er – dennoch lächelnd und guten Mutes – von Helfern gestützt, seinen Körper in´s Meer gleiten ließ, und sich auf dem Rücken „schwimmend" vom Meerwasser genüßlich umschmeicheln ließ.

Kaum war da etwas von DEM zu bemerken, der dereinst über das Wasser gegangen war. Aber sehr sehr viel war VON JENEM zu bemerken, der – dem Opferlamm gleich – alle Sünden der Menschheit auf sich geladen hatte…

.

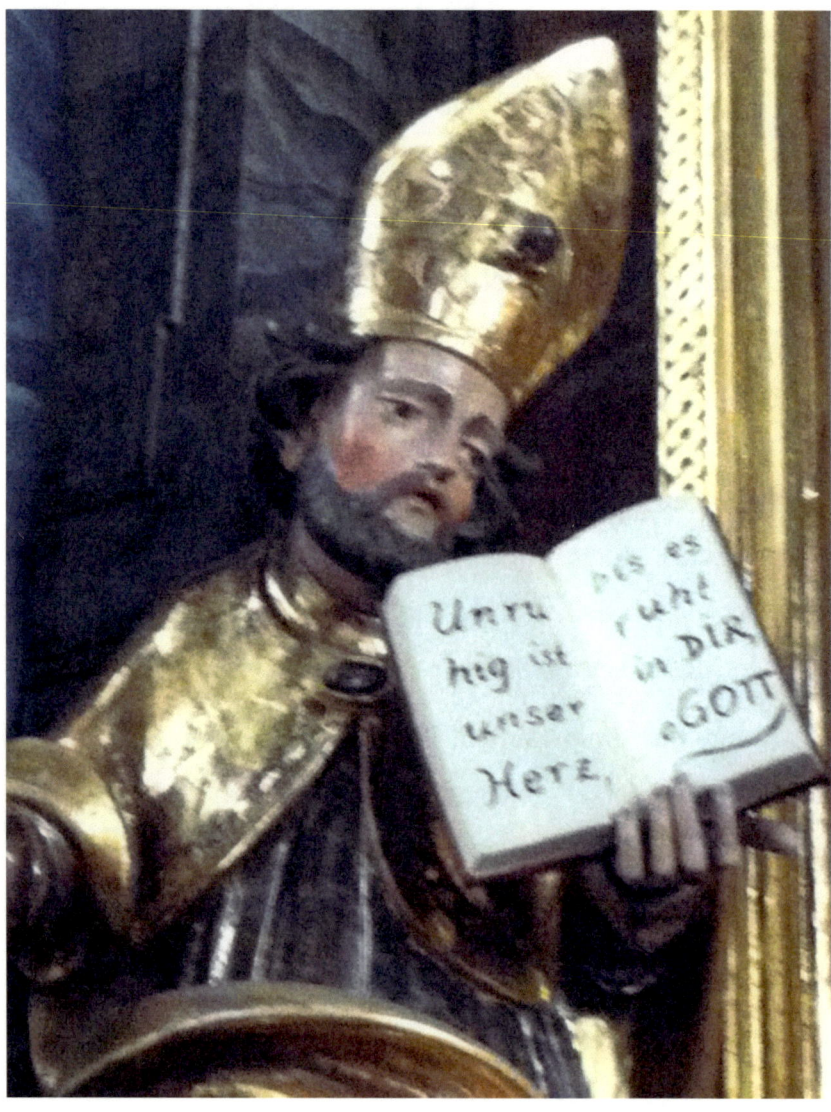

Ordensregel des Hl. Augustinus

Vor allem, liebe Brüder, soll Gott geliebt werden, sodann der Nächste; denn das sind die Hauptgebote, die uns gegeben sind.

I. WESEN UND ZIEL DES GEMEINSAMEN LEBENS

1. Folgendes schreiben wir euch im Kloster vor:
2. Das Erste, warum ihr in Gemeinschaft zusammenlebt, ist, einmütig im Haus zu wohnen, und ein Herz und eine Seele zu sein auf Gott hin.
Gütergemeinschaft
3. Nennt nichts euer Eigentum, sondern alles gehöre euch gemeinsam. Jedem werde von eurem Vorsteher Nahrung und Kleidung zugeteilt, nicht jedem in gleicher Weise, weil ihr nicht alle zum gleichen fähig seid, sondern einem jeden, wie er es nötig hat. Denn so lest ihr in der Apostelgeschichte: „Sie hatten alles gemeinsam, und jedem wurde zugeteilt, was er nötig hatte."
4. Die in der Welt Besitz hatten, sollen ihn bei ihrem Eintritt ins Kloster gern der Gemeinschaft überantworten.
5. Die aber in der Welt nichts hatten, sollen im Kloster nicht das suchen, was sie draußen nicht haben konnten. Es soll ihnen vielmehr zugeteilt werden, was sie in ihrer Schwachheit brauchen, auch wenn sie in der Welt so arm waren, dass sie nicht einmal das Lebensnotwendige finden konnten. Sie

sollen sich aber nicht schon deshalb glücklich schätzen, weil sie Nahrung und Kleidung bekommen, die sie draußen nicht finden konnten.

Demut als Voraussetzung brüderlichen Zusammenlebens

6. Sie sollen auch nicht überheblich werden, weil sie mit Leuten zusammenleben, denen sie sich draußen nicht zu nahen wagten. Sie sollen vielmehr ihr Herz erheben und nicht wertlose, irdische Dinge suchen. Sonst würden die Klöster den Reichen nützen, nicht den Armen, wenn darin die Reichen demütig, die Armen aber aufgeblasen würden.

7. Andererseits sollen sich die in der Welt Angesehenen nicht der Mitbrüder schämen, die aus ärmlichen Verhältnissen zu dieser heiligen Gemeinschaft gekommen sind. Sie sollen mehr darauf bedacht sein, sich der Gemeinschaft mit armen Mitbrüdern als ihrer reichen Verwandten zu rühmen. Sie sollen sich nicht überheben, wenn sie von ihrem Vermögen der Gemeinschaft etwas beigesteuert haben, und sich nicht mehr darauf einbilden, dass sie ihren Reichtum dem Kloster überantworten, als wenn sie ihn in der Welt genießen könnten. Denn jede andere Sünde wird in schlechten Werken geübt; der Stolz dagegen droht selbst die guten zu vernichten. Was nützt es denn, sein Vermögen an die Armen zu verteilen und selbst arm zu werden, wenn die elende Seele in der Verachtung des Reichtums hochmütiger wird als vorher in seinem Besitz?

8. Lebt also alle eines Herzens und Sinnes miteinander und ehrt in euch gegenseitig Gott, dessen Tempel ihr seid.

II. GEBET

1. Dem Gebet obliegt mit Eifer zu den festgesetzten Stunden und Zeiten!
2. Im Oratorium soll jeder nur das tun, wozu es bestimmt ist, woher es auch den Namen hat. Sonst würden jene, die vielleicht außerhalb der festgesetzten Stunden in ihrer freien Zeit beten wollen, von denen gestört, die glauben, dort etwas anderes tun zu müssen.
3. Wenn ihr in Psalmen und Hymnen zu Gott betet, soll das euer Herz bewegen, was euer Mund ausspricht.
4. Singt nur das, was zum Singen bestimmt ist! Was aber nicht zum Singen geschrieben ist, soll auch nicht gesungen werden.

III. ESSEN UND FASTEN

1. Haltet euren Leib in Zucht durch Fasten und Enthaltung von Speise und Trank, soweit es die Gesundheit erlaubt! Wenn aber einer nicht fasten kann, soll er wenigstens außerhalb der Mahlzeiten keine Nahrung zu sich nehmen, es sei denn, er wäre krank.
2. Wenn ihr zu Tisch geht, hört, bis ihr davon aufsteht, ohne Lärm und Streit an, was euch üblicherweise vorgelesen wird! Nicht allein euer Mund soll Speise zu sich nehmen, sondern auch eure Ohren sollen hungern nach dem Wort Gottes?
3. Wenn solche, die wegen ihrer früheren Lebensweise

schwächer sind, in der Ernährung anders gehalten werden, sollen das die anderen, die infolge einer anderen Lebensweise stärker sind, nicht übelnehmen oder ungerecht finden. Sie sollen jene nicht für glücklicher halten, weil sie mehr bekommen, sondern vielmehr froh sein, weil sie vermögen, wozu jene nicht die Kraft haben.

4. Wenn solchen, die aus verwöhnteren Lebensverhältnissen ins Kloster kommen, etwas mehr an Nahrung, Kleidung, Betten und Decken gegeben wird als den anderen, Stärkeren und deshalb Glücklicheren, sollen diese bedenken, welchen Abstieg für jene der Übergang vom Weltleben zur jetzigen Lebensweise bedeutet, wenn sie es auch nicht bis zur Anspruchslosigkeit der körperlich Stärkeren bringen können. Es sollen auch nicht alle das bekommen wollen, was ein paar als Zugeständnis, nicht aus Bevorzugung, zusätzlich bekommen. Sonst käme es zu dem verwerflichen Widersinn, dass im Kloster die Reichen sich nach Kräften abmühen, die Armen aber verwöhnt werden.

5. Kranke müssen freilich weniger bekommen, um ihnen keine Beschwerden zu verursachen. Nach der Krankheit aber müssen sie so behandelt werden, dass sie sich möglichst schnell erholen, auch wenn sie in der Welt in äußerster Armut gelebt haben. So gestattet ihnen jetzt gewissermaßen die Krankheit das, was den Reichen vorher ihre Lebensart verschaffte. Wenn sie aber wieder zu Kräften gekommen sind, sollen sie zu ihrer glücklicheren Lebensart zurückkehren. Denn den Dienern Gottes steht es gut an, möglichst wenig zu brauchen. Wenn sie wieder gesund sind, soll sie das Verlangen nicht auf der Stufe festhalten, auf der sie in ihrer Krankheit notwendigerweise waren. Als die Reicheren sollen sich jene fühlen, die leichter mit wenigem

auskommen können; denn es ist besser, wenig zu brauchen, als viel zu haben.

IV. VERHALTEN AUSSERHALB DES KLOSTERS

1. Euer Gehaben soll nicht auffällig sein! Legt keinen Wert darauf, durch eure Kleidung zu gefallen, vielmehr durch euer Leben!
2. Wenn ihr ausgeht, geht miteinander! Wenn ihr an das Ziel eures Weges kommt, bleibt beisammen!
3. Im Gehen und Stehen, in all euren Bewegungen, soll nichts vorkommen, was bei jemandem Anstoß erregen könnte; sondern alles soll eurem heiligen Stand entsprechen.
4. Wenn euer Blick auf eine Frau fällt, soll er nicht auf ihr haften bleiben. Es ist euch nicht verboten, beim Ausgehen Frauen anzuschauen; aber sie begehren oder von ihnen begehrt werden wollen, ist schuldhaft. Nicht allein durch Berühren oder Verlangen, sondern auch im Anschauen zeigt sich die Begierde nach Frauen. Sagt nicht, euer Herz sei rein, wenn euer Blick unrein ist; denn ein schamloser Blick verrät das unreine Herz. Wenn sie nun im Wechsel der Blicke, selbst ohne Beteiligung der Zunge, ihr unreines Herz verraten und infolge fleischlicher Begierde in Leidenschaft zueinander entbrennen, ist es um die Keuschheit schon geschehen, auch wenn die körperliche Unversehrtheit nicht

verletzt wird.

5. Wer seinen Blick auf eine Frau heftet und es gern hat, wenn auch sie den ihren auf ihn heftet, der glaube nicht, er bleibe dabei unbeobachtet. Er wird überall gesehen, und gerade von Leuten, an die er gar nicht denkt. Mag es aber auch völlig geheim geschehen und von niemandem gesehen werden, was will er denn gegenüber jenem Beobachter von oben tun, dem nichts verborgen bleiben kann? Soll man glauben, er sehe es nicht, weil seine Geduld ebenso groß ist wie seine Weisheit? Ihm zu missfallen fürchte sich also der Gottgeweihte; dann wird er auch nicht eine Frau in schlechter Weise zu gefallen suchen. Er bedenke, dass Gott alles sieht; dann wird er auch nicht eine Frau in schlechter Absicht sehen wollen. Die Gottesfurcht wird in dieser Sache auch durch das Schriftwort empfohlen: „Ein Mann mit lüsternem Blick ist dem Herrn ein Greuel."

6. Wenn ihr also miteinander in der Kirche oder an einem anderen Ort mit Frauen zusammen seid, habt gegenseitig auf eure Reinheit acht! Gott, der in euch wohnt, wird euch auch darin durch euch selbst bewahren.

Brüderliche Zurechtweisung

7. Bemerkt ihr nun die Begierlichkeit des Blickes, von der ich spreche, an einem von euch, dann ermahnt ihn sogleich, sein Vorhaben nicht weiter zu verfolgen, sondern sich von seinem Nächsten bessern zu lassen!

8. Wenn ihr ihn aber nach der Ermahnung oder an einem anderen Tag beim gleichen Tun seht, dann soll ihn, wer ihn dabei antrifft, anzeigen; denn er ist

verwundet und muss geheilt werden. Zuerst aber soll man noch einen Zweiten und Dritten darauf aufmerksam machen, damit er durch zwei oder drei Zeugen überführt und mit der entsprechenden Strenge bestraft werden kann. Glaubt nicht, böswillig zu sein, wenn ihr so etwas anzeigt! Ihr werdet vielmehr schuldig, wenn ihr eure Mitbrüder, die ihr durch eine Anzeige bessern könnt, durch euer Schweigen ins Verderben stürzen lasst. Wenn dein Bruder eine Wunde am Körper hat, die er verbergen will, weil er die ärztliche Behandlung fürchtet, ist es da nicht grausam von dir, zu schweigen, und barmherzig, es anzuzeigen? Um wie viel mehr also mußt du es bei einem solchen Menschen tun, damit sich nicht eine viel schlimmere Fäulnis in seinem Herzen bildet?
9. Bevor man es aber anderen mitteilt, die ihn überführen sollen, falls er es abstreitet, muß man es zuerst dem Vorsteher anzeigen, falls sich der Betreffende nach der Ermahnung nicht bessern will. So ist es vielleicht möglich, ihn geheim zurechtzuweisen und es den anderen nicht bekannt zu machen. Leugnet er aber, dann muss man die anderen hinzuziehen, damit er vor allen nicht nur von einem einzigen Zeugen beschuldigt, sondern von zwei oder dreien überführt werden kann. Ist er aber überführt, dann muss er nach dem Urteil des Vorstehers oder des Presbyters, in dessen Zuständigkeitsbereich ihr gehört, eine Strafe zur Besserung auf sich nehmen. Lehnt er auch das ab, so ist er, auch wenn er nicht selbst geht, aus der Gemeinschaft auszuschließen. Auch das ist nicht Grausamkeit, sondern Erbarmen; denn er könnte sonst viele anstecken und ins Verder-

ben stürzen.

10. Was ich hier im Falle des lüsternen Blickes gesagt habe, soll auch in den übrigen Fällen für Beobachtung, Abwehr, Anzeige, Überführung und Bestrafung von Vergehen sorgfältig befolgt werden, mit Liebe zu den Menschen, aber mit Hass gegen die Sünde.

11. Ist einer aber im Bösen bereits so weit gegangen, von einer Frau heimlich Briefe oder kleine Geschenke anzunehmen, dann soll man ihn, wenn er es frei eingesteht, schonend behandeln und für ihn beten. Wird er aber dabei ertappt und überführt, dann werde er nach dem Urteil des Presbyters oder Vorstehers zu seiner Besserung streng bestraft.

V. GEMEINSCHAFT IN BESITZ UND ARBEIT

1. Eure Kleider sollt ihr gemeinsam besitzen, und zwar unter der Aufsicht von einem oder zwei Verwaltern oder von so vielen, wie nötig sind, um sie auszuklopfen, damit sie nicht von den Motten zerfressen werden. Wie ihr eure Nahrung aus einer gemeinsamen Vorratskammer bekommt, so sollt ihr auch eure Kleidung aus der gemeinsamen Kleiderkammer beziehen. Nach Möglichkeit soll es nicht eure Sache sein, was man euch der Jahreszeit entsprechend zum Anziehen gibt; ob jeder von euch wieder das bekommt, was er abgelegt hat, oder etwas,

das ein anderer getragen hat. Doch soll keinem verweigert werden, was er braucht. Kommt es aber deswegen unter euch zu Streit und Unmut, wenn sich einer beklagt, er habe etwas Schlechteres als vorher erhalten, und es sei seiner unwürdig, das anzuziehen, was ein anderer Mitbruder getragen hat, dann habt ihr den Beweis, wieviel euch von jenem inneren heiligen Kleid des Herzens fehlt, wenn ihr um die Kleidung des Körpers streitet. Wenn man eurer Schwachheit schon dadurch entgegenkommt, dass ihr wieder bekommt, was ihr abgelegt habt, dann verwahrt wenigstens die abgelegte Kleidung an einem einzigen Ort unter gemeinsamer Aufsicht.
2. Keiner soll etwas für sich selbst erarbeiten, sondern all euer Arbeiten geschehe gemeinsam und dadurch mit größerem Eifer und mehr Lust, als wenn jeder für sich selbst arbeitet - Liebe nämlich, von der geschrieben steht: „Sie sucht nicht den eigenen Vorteil" besagt: das Gemeinsame über das Eigene, nicht das Eigene über das Gemeinsame stellen. Ihr seid also umso weiter vorangekommen, je mehr ihr um die gemeinsame Sache bemüht seid, statt um eure privaten Interessen. So wird in allem, was wir zu diesem vergänglichen Leben nötig haben, das herausragen, was ewig bleibt: die Liebe.
3. Wenn jemand seinen Söhnen oder Angehörigen im Kloster etwas zukommen lässt, sei es Kleidung oder sonst etwas Notwendiges, soll das deshalb nicht geheim angenommen werden. Es ist vielmehr Gut der Gemeinschaft, und es steht in der Macht des Vorstehers, es dem zu geben, der es braucht.
4. Eure Kleidung soll nach dem Entscheid des Vorstehers gewaschen werden, entweder von euch selbst oder von Wäschern, damit nicht ein übertriebenes Verlangen

nach einem sauberen Gewand eure Seele im Innern beschmutze.

Sorge für die Kranken

5. Ein Bad für den Leib ist keineswegs abzulehnen, wenn die schwache Gesundheit es erfordert. Es geschehe aber ohne Murren nach den Weisungen der Heilkunde auf Befehl des Vorstehers alles, was für die Gesundheit erforderlich ist, selbst gegen den Willen des Betroffenen. Verlangt dieser etwas, obwohl es ihm nicht zuträglich ist, dann soll man seinem Begehren nicht entsprechen. Manchmal glaubt man nämlich, das Angenehme sei auch nützlich, während es tatsächlich schadet.

6. Bei inneren Krankheiten soll man einem Diener Gottes ohne Zweifel Glauben schenken, wenn er seine Schmerzen beschreibt. Wenn aber nicht klar ist, ob zur Heilung des Leidens etwas Angenehmes auch nützt, ist ein Arzt zu konsultieren.

7. Ins Bad oder anderswohin soll man mindestens zu zweit oder zu dritt gehen. Wer weggehen muss, soll nicht mit denen gehen, mit denen er selbst will, sondern mit wem der Vorsteher ihn sendet.

8. Die Sorge für die Kranken, Genesenden, Schwächlichen und Leidenden, auch wenn sie kein Fieber haben, soll einem Mitbruder übertragen werden. Dieser soll aus der Vorratskammer erbitten, was nach seinem Ermessen ein jeder braucht.

Verwaltung des gemeinsamen Gutes

9. Wer für die Vorratskammer, die Kleidung oder die Bücher verantwortlich ist, soll ohne Murren den Brüdern dienen.

10. Bücher soll man täglich zu festgesetzter Stunde verlangen; wer außerhalb dieser Zeit danach verlangt, soll

nichts bekommen.
11. Die Ausgabe von Kleidung und Schuhen soll aber von denen, die mit ihrer Verwahrung betraut sind, nicht aufgeschoben werden, wenn jemand sie notwendig braucht.

VI. BITTE UM VERZEIHUNG UND VERGEBUNG BEI BELEIDIGUNG

1. Streit sollt ihr entweder gar nicht haben, oder ihn wenigstens möglichst schnell beilegen. Sonst wächst der Zorn zum Hass und macht aus dem Splitter einen Balken und die Seele zur Mörderin; denn so lest ihr: „Jeder, der seinen Bruder hasst, ist ein Mörder."
2. Wer durch ein Schimpfwort, eine üble Nachrede oder durch den Vorwurf eines Vergehens einen anderen verletzt hat, suche möglichst schnell wiedergutzumachen und zu heilen, was er angerichtet hat. Wer verletzt wurde, verzeihe ohne lange Verhandlungen. Haben sie sich aber gegenseitig beleidigt, so müssen sie einander ihre Schuld vergeben im Hinblick auf euer Beten, das gerade, weil ihr häufig betet, umso vollkommener sein soll. Besser aber ist einer, der oft zum Zorn versucht ist, aber schnell bereit ist, jemanden um Verzeihung zu bitten, wenn er erkennt, dass er ihm Unrecht getan hat, als einer, der schwerer in Zorn gerät, aber auch schwerer dazu zu bewegen ist, um Verzeihung zu bitten. Wer aber nie

um Verzeihung bitten will oder nicht ehrlichen Herzens darum bittet, der ist ohne Berechtigung im Kloster, selbst wenn man ihn nicht ausstößt. Hütet euch also vor zu harten Worten! Sind sie aber einmal aus eurem Mund gekommen, dann bringt auch bald Worte der Heilung aus demselben Mund, der die Wunden geschlagen hat!
3. Wenn aber die Sorge um die Disziplin euch zwingt, harte Worte zu sprechen, um die Jüngeren in Schranken zu halten, dann braucht ihr sie nicht um Verzeihung bitten, selbst wenn ihr fühlt, dabei das rechte Maß überschritten zu haben. Sonst würde bei den Untergebenen durch eine allzu große Demut die Führungsautorität zerstört. Doch müsst ihr den Herrn aller um Vergebung bitten, der weiß, mit welchem Wohlwollen ihr die liebt, die ihr vielleicht über Gebühr zurechtweist. Die Liebe unter euch soll aber nicht vom Fleisch, sondern vom Geist bestimmt sein.

VII. GEHORSAM GEGEN DIE OBEREN UND DIENST DES VORSTEHERS

1. Dem Vorsteher soll man wie einem Vater in Ehrerbietung gehorchen, um nicht in ihm Gott zu beleidigen; vielmehr noch dem Presbyter, der für euch alle Sorge trägt.
2. Sache des Vorstehers ist es, besonders darauf zu achten, dass all diese Vorschriften befolgt werden. Sollte

etwas nicht befolgt werden, so sorge er, dass man das nicht leichtfertig übergehe, sondern gründlich bessere. Was aber über seinen Bereich und seine Kräfte hinausgeht, soll er dem Presbyter vorlegen, der bei euch die höhere Autorität besitzt.

3. Euer Vorsteher soll sich nicht deshalb glücklich schätzen, weil er kraft seines Amtes gebieten, sondern weil er in Liebe dienen kann. In der Stellung in eurer Gemeinschaft stehe er über euch, in der Ehrfurcht vor Gott liege er euch zu Füßen. In allem soll er selbst ein Beispiel guter Werke geben, die Unruhigen zurechtweisen, die Verzagten trösten, sich der Schwachen annehmen, mit allen Geduld haben. Gerne sei er auf Ordnung und Ehrfurcht bedacht. Obwohl beides notwendig ist, strebe er mehr danach, von euch geliebt als gefürchtet zu werden. Er sei sich immer bewusst, dass er vor Gott einst über euch Rechenschaft ablegen muß.

4. Habt deshalb nicht nur füreinander Verständnis, sondern habt es auch für ihn durch mehr Gehorsamsbereitschaft; denn je höher bei euch jemand steht, umso größer ist die Gefahr, in der er schwebt.

VIII. BEOBACHTUNG DER REGEL

1. Gebe es der Herr, dass ihr dies alles in Liebe beobachtet, als Liebhaber geistlicher Schönheit, als Wohlgeruch Christi, voll Eifer in rechtschaffenem Leben, nicht wie

Sklaven unter dem Gesetz, sondern als Freie unter der Gnade.

2. Damit ihr euch aber in diesem Büchlein wie in einem Spiegel betrachten könnt und nichts aus Vergesslichkeit vernachlässigt, soll es euch einmal wöchentlich vorgelesen werden. Wenn ihr dann findet, dass ihr das tut, was hier geschrieben steht, dann dankt Gott, dem Geber alles Guten! Wenn aber jemand von euch noch Fehler an sich bemerkt, dann bereue er das Vergangene, nehme sich für die Zukunft in acht und bete, dass ihm die Schuld vergeben und er nicht in Versuchung geführt werde.

Augustiner-Chorherrenstift Vorau, A-8250 Vorau

Als ich mich zu lieben begann, habe ich verstanden, dass ich immer (und zu jeder Zeit) zur richtigen Zeit am richtigen Ort bin, und das alles was geschieht richtig ist. Von DA an konnte ich ruhig sein. Heute weiß ich: DAS nennt man Gott vertrauen.

Als ich mich zu lieben begann, konnte ich erkennen, dass emotionaler Schmerz und Leid nur Warnungen für mich sind, nicht gegen meine eigene Wahrheit zu leben. Heute weiß ich: DAS nennt man Authentischsein.
Als ich mich zu lieben begann, habe ich aufgehört, mich nach einem anderen Leben zu sehnen, und konnte sehen, dass alles um mich herum eine Aufforderung zum Wachsen war. Heute weiß ich: DAS nennt man Reife.

Als ich mich zu lieben begann, habe ich aufgehört, mich meiner freien Zeit zu berauben, und ich habe aufgehört, weiter gloriose oder grandiose Projekte für die Zukunft zu entwerfen. Heute mache ich das, was mir Spaß und vor allem Freude macht, was ich liebe und was mein Herz zum Lachen bringen kann. Auf meine eigene Art und in meinem Tempo. Nach (meiner) Lust und Laune. Heute weiß ich: DAS nennt man ==Ehrlichkeit==

Als ich mich zu lieben begann, habe ich mich von allem befreit, was nicht gesund für mich war. Von Speisen, Dingen, oder Menschen und Situationen. Schlicht von Allem, das mich nur hinunterzog; weg von mir selbst. Am Anfang nannte ich DAS noch gesunden Egoismus. Heute weiß ich: das ist ==Selbstliebe==.

Als ich mich zu lieben begann, habe ich aufgehört, immer Recht haben zu wollen. So habe ich mich weniger geirrt. Heute habe ich erkannt: das nennt man ==DEMUT==

Als ich mich zu lieben begann, habe ich mich geweigert, weiter in der Vergangenheit zu leben und mich um meine Zukunft zu sorgen. Jetzt lebe ich nur noch in diesem Augenblick, in dem ALLES stattfindet. So lebe ich heute JEDEN TAG und nenne es ==Bewußtsein/heit==.

Als ich mich zu lieben begann, erkannte ich, dass mich mein Denken armselig und krank machen kann. Als ich jedoch meine Herzenskräfte anforderte bekam mein Verstand einen wichtigen Partner. Diese Verbindung nenne ich heute ==Herzensweisheit==.

Wir brauchen uns nicht weiter vor Auseinandersetzungen, Konflikten oder Problemen mit uns selber oder anderen fürchten, denn sogar Sterne krachen manchmal aufeinander und es entstehen SUPERNOVAE, oder einfach: neue Welten. Heute weiß ich: SO/DAS ist das Leben!

Bundeshymne

Sei gesegnet ohne Ende, Deutsche Heimat, wunderhold! Freundlich schmücken dein Gelände Tannengrün und Ährengold. Deutsche Arbeit, ernst und ehrlich! Deutsche Liebe, zart und weich, Vaterland, wie bist du herrlich! Gott mit dir, mein Österreich!

Keine Willkür, keine Knechte,
Off'ne Bahn für jede Kraft!
Gleiche Pflichten, gleiche Rechte!
Frei die Kunst und Wissenschaft!
Starken Mutes, festen Blickes,
Trotzend jedem Schicksalsstreich,
Steig' empor den Pfad des Glückes,
Gott mit dir, mein Österreich!

Osterland bist du geheißen,
Und von Osten kommt das Licht,
Nacht und Finsternis zerreißen,
Wenn es durch die Wolken bricht.
Seht verklärten Angesichtes
Den ersehnten Tag vor euch!
Land der Freiheit, Land des Lichtes,
Gott mit dir, mein Österreich!

Laßt, durch keinen Zwist geschieden,
Uns nach einem Ziele schau'n,
Laßt in Eintracht und in Frieden
Uns am Heil der Zukunft bau'n.
Uns'res Volkes Jugend werde
Ihren starken Ahnen gleich.
Sei gesegnet, Heimaterde!
Gott mit dir, mein Österreich!

Unserem alten, ewig jungen Österreich zu Ehren.

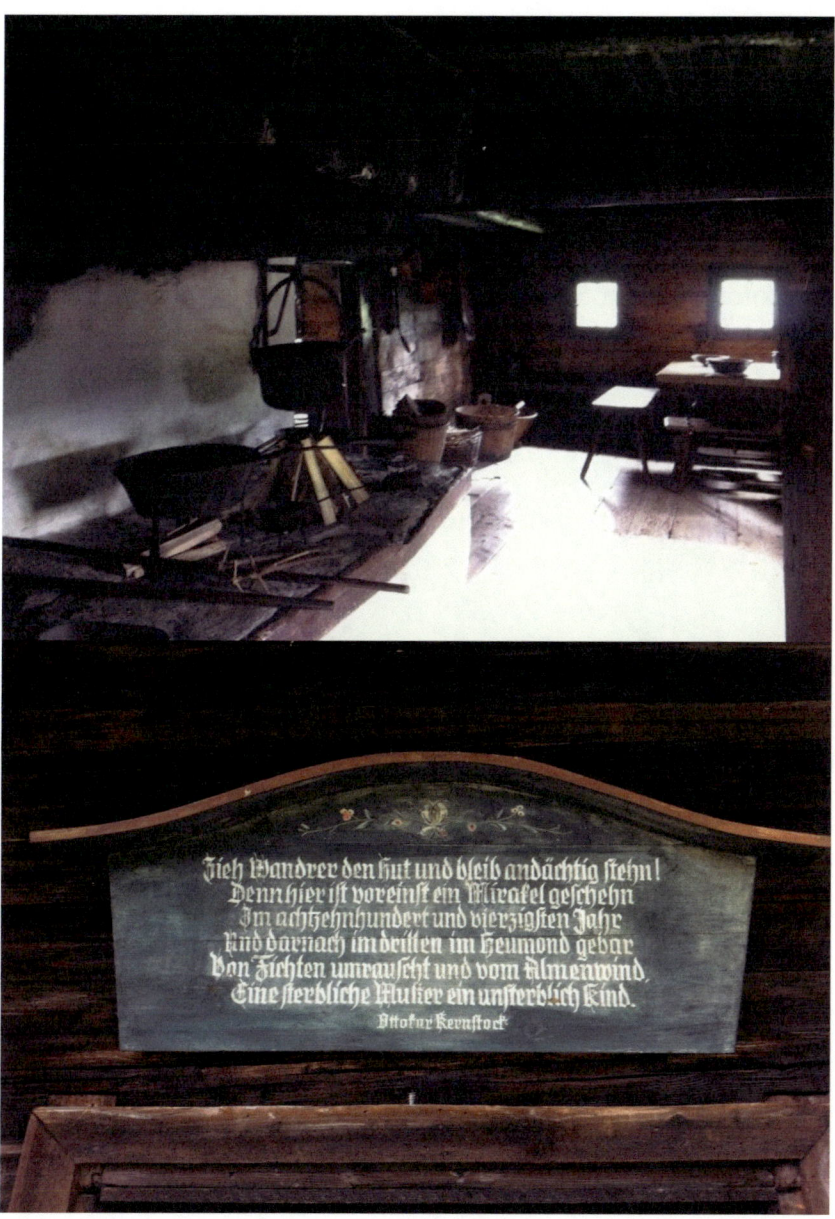

Zieh Wandrer den Hut und bleib andächtig stehn!
Denn hier ist voreinst ein Mirakel geschehn
Im achtzehnhundert und vierzigsten Jahr
Und darnach im dritten im Heumond gebar
Von Fichten umrauscht und vom Almenwind
Eine sterbliche Mutter ein unsterblich Kind.
 Ottokar Kernstock

"Als Jesus die Menschenmenge sah, stieg er auf einen Berg. Er setzte sich, seine Jünger versammelten sich um ihn, und er begann sie zu lehren. [Wer ist glücklich zu preisen?] Er sagte: »Glücklich zu preisen sind die, die arm sind vor Gott; denn ihnen gehört das Himmelreich. ..."
Matthäus 5:1-12

Foto: Berg der Seligpreisungen

Und während er sprach, sahen sie, wie er emporgehoben wurde und eine Wolke ihn fort nahm vor ihren Augen. Und als sie zum Himmel starrten, wie er auffuhr, standen zwei Männer bei ihnen in leuchtenden Gewändern, und sprachen: „Ihr Männer aus Galiläa, was steht ihr und schaut zum Himmel? Dieser
Jesus, der von euch fort in den Himmel aufgenommen wurde – so wird er kommen, wie ihr ihn in den Himmel habt auffahren gesehen."
Apostelgeschichte 1:9-11 ; Himmelfahrtskapelle auf dem Ölberg

ES DARF NICHT ANSTRENGEND SEIN, CHRIST ZU SEIN

Ein Adler-Vater lehrt seinem Sohn das Fliegen.
Fünf Kilometer schafft das junge Tier, dann ist es vollkommen erschöpft.
Der Vater erzählt ihm, er solle das Fliegen eifrig üben, denn in einigen Tagen stünde eine große Reise an, dafür müsse er 50 Kilometer fliegen können.

Der kleine Adler ist ängstlich und verzagt.
Wenn er sich schon nach einem Flug von nur fünf Kilometern so kraftlos fühlt, wie soll er dann jemals 50 Kilometer schaffen können!

Da nimmt sich der Großvater, der die Flugversuche des Jungen seit einigen Tagen beobachtet hat, seiner an, kommt zu ihm hergeflogen und sagt:
"Zeig mir doch einmal, wie du fliegst."

Und der junge Adler schlägt, so schnell er nur kann, mit seinen Flügeln.
Denn er glaubt, um 50 Kilometer fliegen zu können, muß man sich schon sehr anstrengen.

Doch der Alte gebietet ihm Einhalt:
"Schau her, ich zeig dir, wie man´s richtig macht."
Und er erhebt sich mit weiten Schwingen in die Höhe, fliegt einige Male in weiten Kreisen über das junge Tier hinweg, läßt sich dabei vom Auf- und Abwind tragen und schlägt nur dann wenige Male mit seinen mächtigen Flügel, wenn er den Kurs oder die Flughöhe verändern will.

Dann kehrt er zu dem Jungen zurück und erklärt ihm:
"Deine Flügel brauchst du nur, um dich in die Höhe zu schwingen, den Kurs zu halten und um wieder herunterzukommen. Ansonsten vertrau dich ruhig dem Wind an, er trägt dich sicher durch die Luft."

Autor unbekannt

Auch für uns ist es wichtig die Aufwinde des Himmels zu kennen sonst wird unser Christsein furchtbar anstrengend.

„Und als der Pfingsttag gekommen war, waren sie alle an einem Ort beieinander. Und es geschah plötzlich ein Brausen vom Himmel wie von einem gewaltigen Wind und erfüllte das ganze Haus, in dem sie saßen. Und es erschienen ihnen Zungen zerteilt, wie von Feuer; und er setzte sich auf einen jeden von ihnen, und sie wurden alle erfüllt von dem heiligen Geist und fingen an, zu predigen in andern Sprachen, wie der Geist ihnen gab auszusprechen."– Apg 2,1-4